Robert de la Sizeranne

Les questions esthétiques contemporaines

Critique

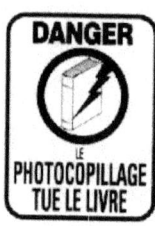 Le code de la propriété intellectuelle du 1er juillet 1992 interdit en effet expressément la photocopie à usage collectif sans autorisation des ayants droit. Or, cette pratique s'est généralisée dans les établissements d'enseignement supérieur, provoquant une baisse brutale des achats de livres et de revues, au point que la possibilité même pour les auteurs de créer des œuvres nouvelles et de les faire éditer correctement est aujourd'hui menacée. En application de la loi du 11 mars 1957, il est interdit de reproduire intégralement ou partiellement le présent ouvrage, sur quelque support que ce soit, sans autorisation de l'Éditeur ou du Centre Français d'Exploitation du Droit de Copie, 20, rue Grands Augustins, 75006 Paris.

ISBN : 978-1987793963

10 9 8 7 6 5 4 3 2 1

Robert de la Sizeranne

Les questions esthétiques contemporaines

Critique

Table de Matières

INTRODUCTION	7
PREMIÈRE PARTIE	34
DEUXIÈME PARTIE	58
TROISIÈME PARTIE	83
QUATRIÈME PARTIE	103
CINQUIÈME PARTIE	136

INTRODUCTION

Ce ne sont pas toutes les questions esthétiques contemporaines qui sont traitées ici, mais quelques-unes peut-être des principales et assurément des plus nouvelles. Qu'espérer de l'emploi du fer en architecture? Comment rendre, en sculpture, le vêtement moderne? Quelle place faire à la photographie dans les Arts? En voilà trois, par exemple, qu'aucune époque avant la nôtre n'avait eu à résoudre. Et si d'autres, comme la relégation de l'Art dans les musées ou les recherches de couleur connues sous le nom d'Impressionnisme, ont pu, en d'autres temps, inquiéter les artistes, il suffit cependant qu'en aucun temps on n'ait vu se fonder tant de musées, ni qu'aucune école coloriste n'ait soulevé tant de scandale, pour que les problèmes discutés hier soient devenus plus pressants aujourd'hui. Ce sont ces questions posées ou imposées à notre attention par la vie moderne qu'on trouvera étudiées dans les pages qui vont suivre; non avec la prétention de les résoudre, mais avec l'espoir de les éclaircir.

Selon quelle méthode ou dans quel sentiment?

Le plus simplement possible.

Ouvrir les yeux sur le monde et la vie et s'abandonner à l'impression de joie ou de répulsion que produit en soi chaque chose: naturelle ou artificielle, spontanée ou voulue. S'exalter aux qualités «sensorielles» des formes dans l'air et sur la terre, vivantes ou inanimées: lignes, couleurs, valeurs, souplesse, éclat, équilibre, harmonie; parcourir avec sa sensibilité les innombrables nuances colorées ou tactiles dont l'esprit ne peut se faire une idée et que les arts intellectuels: la parole, la description littéraire, l'analyse philosophique, la poésie ne peuvent rendre ou ne rendent que bien grossièrement au regard des arts plastiques; et ainsi, juger de l'Art plastique pour la qualité d'émotion que, seul, il apporte et que rien autre, ni poésie, ni philosophie, ni histoire ne peuvent nous apporter; l'aimer pour lui et non pour elles, pour l'enthousiasme tout sensible qu'il nous fait éprouver, pour la sensation d'une vie plus ardente et plus complète qu'il éveille, et non pour les souvenirs ou les associations d'idées qu'il nous procure,—telle est la méthode employée ici. Tel est le «sentiment esthétique». Elle diffère à ce point des habitudes prises ou des principes adoptés par les philosophes modernes, qu'il faut bien, pour son intelligence, ou au moins pour son excuse, dire ce qu'elle n'est pas, ce qu'elle est,—et ce qui l'a fait adopter.

I

Pendant longtemps, la critique d'Art s'est crue en possession de «lois» esthétiques formelles et inéluctables avec lesquelles il suffisait de confronter les œuvres nouvelles pour en juger. On ne devait représenter que certains sujets, non tels autres, certaines régions, généralement situées dans le Midi, non tous les pays. Le tableau d'histoire était la seule matière à chefs-d'œuvre. La vie contemporaine pouvait à peine être mise en un petit tableautin. L'activité ouvrière ou rurale, le travail quotidien n'avaient point de beauté. Si on les voulait figurer, il fallait le faire par des allégories, c'est-à-dire par des femmes vêtues de chitons et de diploïs. Ces femmes elles-mêmes devaient ressembler à un type grec ou y être le plus possible ramenées. Le nez et le front devaient être sur la même ligne et tous les traits mis en ordre selon des «canons» que détenait Winckelmann. On savait ce que c'était que la Beauté.

A côté de ces lois générales, une foule de lois techniques. Le premier plan de tout paysage devait être noir, afin de repousser la lumière au second. Un portrait devait s'enlever en clair sur un fond sombre, d'un côté; en sombre sur un fond clair, de l'autre. Une composition devait être en forme de pyramide, et chaque figure se développer entièrement dans son plan, sans être obstruée par une figure de premier plan. Les nuages rentraient dans deux ou trois types de cumuli hors desquels il était interdit de s'aventurer. Il y avait des arbres nobles. Les lumières devaient être «chaudes», c'est-à-dire dorées et les ombres brunes, en imitation la plus proche possible des vieux tableaux de l'école italienne et de la Renaissance, non pas tels qu'ils avaient été peints, mais tels que la patine et les années les ont faits. Il ne fallait pas voir du vert dans une prairie; mais du brun. Ces lois et bien d'autres étaient dérivées de principes de Beauté déduits eux-mêmes, après beaucoup d'abstractions, de l'étude des Anciens. A la vérité, on ne les avait pas très attentivement observés, car beaucoup eussent démenti cet enseignement. Mais

INTRODUCTION

moins on le vérifiait, plus on avait pour lui de respect.

Quand parurent les peintres et les sculpteurs de l'époque romantique, puis les naturalistes de Barbizon, puis les «réalistes», la critique, armée de ces principes, déclara que les nouvelles œuvres ne pouvaient être «belles», car elles violaient manifestement ces «lois». Elle condamna les romantiques pour leurs excès de couleur et de mouvement, les réalistes pour leurs sujets et leurs «laideurs», les indépendants de toutes sortes pour leur dédain des sujets admis, des costumes adoptés, des «sites» composés, des gestes nobles ou des tons «locaux» depuis longtemps observés. Cette critique, jugeant tout par analogie avec les anciens maîtres, repoussa tout ce qui en était différent. Elle repoussa Delacroix, Rude, David d'Angers, Barye, Corot, Rousseau, Millet, plus tard Courbet, Puvis de Chavannes, Bastien-Lepage, au nom de lois qu'elle croyait infaillibles. Au même moment, en musique et pour des raisons parfois semblables, elle condamnait Wagner. Elle se trompa lourdement. Ces hommes étaient des maîtres. Avec le temps, ils triomphèrent et la critique d'Art basée sur l'admiration des maîtres anciens, des formes reconnues «belles» et des lois déduites d'un «Beau idéal», se tut misérablement.

Aujourd'hui, une réaction totale s'est produite. L'idée qui domine la critique contemporaine, avertie des erreurs de sa devancière et fermement résolue à n'y pas retomber, est qu'il n'y a pas de beau, pas de laid, dans la nature ni dans l'homme, ni dans les objets créés par l'homme, qu'il n'y a que des formes plus ou moins expressives de la vie, caractéristiques d'une civilisation, et qu'ainsi tout dépend de la pensée ou du sentiment que l'artiste veut exprimer. Celui-ci n'a pas à suivre telle ou telle «loi». Il n'y a pas de «loi». Pourvu qu'il exprime sincèrement une émotion, une pensée, une vérité, cela suffit. Et il y arrive, surtout, s'il les exprime selon sa race, son époque, son milieu. Tout est beau qui est expressif. Tout s'impose qui est personnel, quelles que soient l'absence ou la pauvreté des formes employées. Rien n'est beau de ce qui ne l'est pas, quelle que soit la perfection des formes. Il n'y a donc pas de «canon» de la Beauté. D'ailleurs les races, les époques en ont connu de fort dissemblables. La nature même ne peut être qu'un substratum ou qu'un prétexte à l'Art: elle ne vaut que si elle est vue «à travers un tempérament». Ce que l'artiste nous doit montrer, ce n'est pas elle, mais sa pensée sur elle.

Le critique n'a donc pas à s'occuper de la Nature, ni de la tradition, ni de la technique. Il n'a qu'une chose à faire: remettre l'artiste dans son époque, sa race, son milieu; observer s'il les exprime d'une façon personnelle; décrire les liens qui l'y rattachent; non pas confronter son œuvre avec la nature, ni avec les anciens, ni avec des règles quelconques, mais la comparer à l'auteur même, à la vie où il se meut, au peuple d'où il est sorti. Si elle l'exprime, l'acclamer et en faire un objet de joie; s'il ne l'exprime pas, la mépriser. Tel est le point de vue contemporain.

On n'en avait jamais connu jusqu'ici, je ne dis pas seulement de plus faux, mais de moins «esthétique» dans le vrai sens du mot, c'est-à-dire de moins orienté vers les qualités «sensorielles» d'un objet de nature ou d'Art,—de ces qualités qui frappent les sens et qui ne frappent que les sens: formes, couleurs, ombres, lumières, densité,—ni de moins «spécifique», c'est-à-dire de moins orienté vers une certaine exactitude d'imitation et une certaine perfection de matière. Dorénavant, ce sont les qualités qui frappent l'esprit et qui n'ont pas besoin, pour le frapper, de l'intermédiaire du sens de la vue, ni du secours des arts plastiques qu'on prise par-dessus tout. C'est l'expression, c'est la suggestion qui sont requises. Et, encore, expression de quoi? suggestion de quoi? De formes?—ce que peut suggérer un trait à l'eau-forte de Rembrandt? De profondeurs et de reliefs?—ce que peut suggérer une touche de Corot?—Non, mais de sentiments ou d'idées, c'est-à-dire de choses qui peuvent être exprimées ou suggérées tout aussi bien, et qui le sont tous les jours, par d'autres moyens: l'analyse psychologique, la synthèse poétique, et par un tout autre intermédiaire que les sens de la vue ou du toucher: par l'ouïe.

Jusqu'ici, les méthodes esthétiques avaient pu tomber dans de grandes erreurs, mettre à la base de nos impressions et de nos jugements une qualité technique fausse ou insuffisante, proscrire injustement des formes ou des expressions très légitimes; mais toujours il était resté, au fond de ces erreurs, le désir d'une qualité spécifique, d'une «délectation», comme on disait, ou d'une joie des sens. Dans les Esthétiques actuelles, les impressions requises de l'Art sont toujours des impressions intellectuelles, que l'Art non

INTRODUCTION

plastique peut aussi bien et même beaucoup mieux nous donner.

De là, deux tendances dominantes dans nos jugements esthétiques sur les choses de la vie et jusque dans les moindres considérants de la critique quotidienne. Le critique d'art moderne se défie de son impression physique, spontanée, «sensorielle», parce qu'il a peur qu'elle ne soit une résultante de son accoutumance aux anciens chefs-d'œuvre, un réflexe de la routine;—et, au contraire, il acclame toute tentative qui exprime un sentiment ou un état de choses récent, quelque peu de charme qu'il en éprouve, de peur de repousser, sans le savoir, un chef-d'œuvre nouveau. Dans le premier cas, il proscrit avec une extrême sévérité; dans le second, il accueille avec une extrême candeur; dans les deux, il fait violence à son goût intime et à son impression esthétique, bien plus qu'il ne les suit.

La première de ces tendances est singulière. Cette indifférence aux qualités purement sensorielles de l'Art nous pousse à condamner toute œuvre qui, belle de facture, de matière, de couleur, ne nous apporte pas une «émotion nouvelle», mais qui aurait pu être faite en d'autres temps, par une autre génération et semble inspirée des anciens: les figures de M. Bail ou de M. Roybet, par exemple, ou le *Sacré-Cœur* de Montmartre, ou les académies de M. Henner, ou les paysages de M. Harpignies. De pareilles choses seront toujours admirées par un artiste, non intellectuel, par tout être d'une sensibilité frémissante aux qualités de vie colorée, de belle matière, de lignes harmonieuses, parce qu'un sensitif en jouit toujours,— qu'elles soient expressives ou non d'une idée moderne. Un beau rouge est toujours un beau rouge, un beau passage de lumière sur un ton d'opale ou d'aigue marine est toujours une belle transition et, s'il est vrai que cet os décrit par le Maître ancien soit très beau, quand bien même il n'exprimerait rien autre que lui-même, il sera toujours très beau. Mais si, comme le critique d'art moderne, l'on met à la base de tout jugement ce postulat que l'Art n'existe pas, s'il n'exprime spécialement une idée, une époque, une race,—quelle que soit la beauté, le frisson de joie que peut donner un beau rapport de couleurs,—on sera obligé de mépriser ces choses parce qu'elles n'apportent pas une «émotion nouvelle».

La seconde tendance n'est pas moins étrange. Quelle que soit sa répulsion en face des créations de l'Industrialisme moderne—

machines, bâtiments géométriques, engins informes,—le critique, lorsqu'elles sont modernes, adaptées à notre vie, se croit tenu de les trouver belles, ou, au moins, génératrices de beauté. Quelle que soit la révolte de son sens instinctif, il fait taire cette révolte, en se souvenant qu'on a proscrit, en d'autres temps, d'autres formes qui, devenues habituelles, n'ont plus paru si laides et se sont trouvées belles, un jour. Il est dominé par la peur de proscrire aujourd'hui des choses qui demain seront qualifiées chefs-d'œuvre, comme longtemps les fournisseurs de Barbizon n'osèrent plus refuser du crédit à un artiste, dans la crainte d'affamer un nouveau Millet. «Il faut tout comprendre!» s'écrie-t-il avec une candeur touchante et, d'effort en effort, il arrive à comprendre ce que les auteurs eux-mêmes ne comprennent pas. Comme ce pharmacien de vaudeville, qui lit couramment le nom de savantes drogues dans un gribouillage involontaire qu'un pseudo-médecin a griffonné, le critique découvre, maintenant, un sens profond et une vision d'humanité dans les essais désespérés que fait tout jeune artiste pour enchâsser un peu de talent dans beaucoup de saugrenuité. «N'ayons pas la négation irraisonnée du temps présent! ne proscrivons aucune tentative!» tel est le mot d'ordre des «modernistes». Alors, de peur de manquer, au passage, le chef-d'œuvre de demain, ils admirent tout, du moins tout ce qui leur paraît «nouveau». Et comme ils reconnaissent la nouveauté à ce qu'elle les choque, ils admirent tout ce qui les choque. «Tout ce qui a soulevé les protestations de la foule, jadis, était beau. Or ceci:—l'*Olympia*, le *Balzac*, la Porte Monumentale,—soulèvent les protestations de la foule, donc c'est beau.»

Ce raisonnement par analogie s'applique à tout. Protestons-nous contre «l'haussmannisation» de Paris? On nous répond: Les Parisiens se plaignaient déjà des travaux de Philippe-Auguste! Trouvons-nous qu'il faut simplement voir l'échec d'un grand artiste dans l'œuvre intitulée *Balzac*, on nous répond: Vous avez dit la même chose de Wagner! Hasardons-nous que la voûte de verre du Grand-Palais est un désastre pour la beauté de Paris, on nous dit: Les Grecs eussent parlé ainsi devant le gothique! Telle est la grande méthode de la critique d'art contemporaine: le raisonnement par analogie. Autrefois, on jugeait par analogie de sensations devant les œuvres; aujourd'hui, on juge par analogie de faits et de circonstances extérieures qui les ont accompagnées, et voici que de la ressemblance de deux mouvements d'Art, en un point, on en conclut hardiment à leur ressemblance en tous les autres. Aux époques traditionnalistes, on admirait les nouvelles œuvres d'autant qu'elles ressemblaient aux anciennes et qu'on pouvait les en rapprocher. Aujourd'hui, on les admire d'autant qu'elles en diffèrent et qu'on peut les leur opposer. Mais les deux méthodes sont aussi peu «esthétiques» l'une que l'autre. Ni l'une ni l'autre ne font appel au témoignage des sens. Ni l'une ni l'autre ne comparent l'œuvre avec la Nature, qui n'est ni ancienne ni nouvelle, qui ne songe pas à l'institut non plus qu'elle ne prend ses mots d'ordre aux Indépendants, qui ne songe ni à différer d'elle-même, ni à se ressembler, ni à se rajeunir, mais qui, infiniment changeante, et complexe, et semblable, et toujours belle à qui sait l'aimer, contient tous les aspects révélés par toutes les écoles, et une multitude d'autres qu'aucune école n'a jamais révélés, a des flots pour toutes les nefs, des couleurs pour tous les rêves et pour tous les pas en avant,—de quelque côté qu'on marche,—des horizons.

II

Que valent ces postulats de la critique d'art contemporaine ou ces axiomes, ou ces dogmes posés par les esthéticiens modernes, sans aucune démonstration préalable, que «dans toute forme, même artificielle, il y a de la Beauté», ou que «tout ce qui exprime l'idée ou le besoin d'une époque est beau», ou encore que «tout ce qui soulève des protestations et détermine des résistances dans la foule est beau»?—Ne seraient-ce pas là des demi-vérités, presque des erreurs, ou des généralisations hâtives succédant à d'un peu superficielles observations,—et toute l'Histoire de l'Art et l'expérience personnelle de chacun de nous les confirment-elles ou bien plutôt, ne les infirmeraient-elles pas à tout instant?

«On ne discute que ce qui est fort.» Voilà, par exemple, un axiome très répandu dans la mentalité contemporaine. Mais pour être très répandu et même banal, et pour servir en toute occasion et à tous les esprits, il n'en est pas moins faux. L'usure d'une pièce ne prouve pas toujours qu'elle est bonne. Elle peut prouver simplement qu'on ne l'a pas regardée. La vérité est qu'on discute tout ce qui choque et que, pour choquer, la force n'est pas nécessaire: l'ingéniosité suffit. Tout ce qui s'offre à la discussion avec violence, avec provocation,— que ce soit puissant ou non,—est discuté. Et nous avons vu très discutées, il y a quinze ans, il y a dix ans des œuvres très faibles dont on a déjà perdu le souvenir. Préault a été plus discuté que Rude, Mallarmé plus que M. Sully-Prudhomme, les Rose-Croix plus que Corot. Tout le monde a encore dans les oreilles le bruit soulevé, il y a quelque vingt ans, par les Décadents ou les Symbolistes, mais nul n'a devant les yeux un chef-d'œuvre qui en soit sorti. Sans doute, cette observation que tout ce qui fait scandale est puissant contient une part de vérité, mais il faut, pour l'en dégager, tenir compte de la diversité des causes, et de la diversité des temps.

Oui, ce qui fit scandale, autrefois, fut le plus souvent original, quand on ne savait pas encore que le scandale ou l'originalité seraient des éléments de succès; quand les novateurs étaient originaux presque malgré eux, ne connaissant à l'être que des risques à courir, et, l'étant cependant, malgré tout, par un irrésistible besoin d'exprimer quelque beauté particulière qu'ils découvraient dans la Nature et voulant, s'ils ne satisfaisaient point les autres, du moins se satisfaire eux-mêmes. Il en est de l'originalité comme de l'abnégation, qui n'est véritable que si elle est sans savoir qu'il y a un prix institué pour qu'elle soit. Du jour où l'on sait que ce prix existe, il n'y a plus de véritable vertu à être vertueux, ni de véritable originalité à être original, ni de véritable «sincérité» à être sincère. Du jour où l'on crie: «Venez voir comme je suis attaqué, condamné par l'Art officiel, proscrit par l'Institut, incompris de la foule! Comptez combien de pierres et de quel calibre me jette la critique pédante et autorisée! Songez à tous ceux qui furent lapidés avant moi! N'oubliez pas que Millet le fut, et Rousseau, et Delacroix, et Wagner! Et ne manquez pas de faire entre eux et moi tel rapprochement que vous inspirera votre esprit d'analyse et d'équité!» De ce jour-là, le sens du scandale n'est plus le même. Car on peut craindre que le novateur ne heurte le sentiment public non tant parce qu'il exprime le sien que parce qu'il a choisi laborieusement quelque chose qui le puisse heurter, et, par contre-coup, lui susciter le secours des raffinés aux yeux de qui, d'être d'un sentiment incompréhensible à la foule passa toujours pour le signe du génie.

Est-il plus vrai de dire que notre répulsion en face des formes nouvelles vient nécessairement de nos habitudes de vision ou, en d'autres termes, que notre habitude commande impérativement notre goût,—et que les costumes, les gestes, les formes monumentales, les engins de la vie, enfin les œuvres d'art que nous admirons le plus sont toujours ceux qui existent depuis le plus longtemps?—Nous voyons le contraire à toute heure. Nos yeux sont infiniment plus habitués aux formes de la redingote qu'à celles du burnous des Arabes et au geste du cocher de fiacre qui fouette son cheval qu'à celui de l'archer qui ajuste son arme. Nous sommes plus accoutumés à l'arc bombé répété des milliers de fois sur nos portes cochères de Paris qu'à l'arc outrepassé des palais mauresques. Cependant, si le hasard, en voyage, ou dans une de nos expositions exotiques, fait apparaître à nos yeux cette draperie, ce geste, cette forme architecturale, nous éprouvons une joie esthétique tout à fait absente devant le costume, le geste et le cintre accoutumés. L'habitude ne commande donc pas impérativement notre goût.

A cela, que peut-on dire? Que nous sommes enseignés par l'Art à dégager des formes anciennes ce qu'elles ont «d'esthétique», et que l'Art ne nous l'a pas encore appris des nouvelles? Quel pauvre argument, si l'on songe que, depuis trente ans et plus, nos *Salons* regorgent de scènes contemporaines, de portraits, de machines, et que par un singulier phénomène, plus on les voit, moins on les aime et plus l'Art s'acharne à substituer la redingote à la draperie, la locomotive au cheval, la cheminée d'usine à la flèche gothique, moins il produit de chefs-d'œuvre et moins il attire notre attention!

Car, bien loin que l'habitude conditionne absolument notre goût, la satiété est précisément la cause principale de toutes les réactions artistiques. Et de la beauté de certaines œuvres comme de la vertu d'Aristide on pourrait dire que le défaut fut seulement qu'on la vantait depuis trop longtemps. On a dénoncé maintes et maintes fois «l'influence de l'habitude»: on ne dénonce jamais le «goût du nouveau». Il expose à autant d'erreurs et est la cause d'autant d'injustices. On se passionne pour un aspect de nature ou d'humanité, parce qu'il nous apporte une «impression nouvelle». Plus tard, quand le nouveau est devenu vieux, quand l'inédit se réédite, quand l'inattendu est l'inévitable et, pour ainsi dire, le protocolaire, on s'aperçoit qu'il ne lui suffisait pas d'être «autre» pour être meilleur, ni d'être plus récent pour être plus durable que les œuvres consacrées des anciens. Il ne reste alors de ces œuvres jadis «nouvelles» que ce que leurs qualités spécifiques en ont maintenu. Si le tableau est matériellement bien peint, si la statue est bien modelée, si l'ouvrage est fait de main d'ouvrier, il reste admiré, quel que soit son degré de nouveauté—ou de pastiche. Si ces «visions» démocratiques de faubourgs, de grèves, de mineurs avec leurs lampes, de chiffonniers, de gares de chemins de fer et de laminoirs, de Christs anachroniques eurent un si merveilleux succès, il y a vingt ans, c'est qu'on n'avait guère osé, auparavant, les figurer dans l'art. On leur attribua mille mérites, dont le seul véritable était leur nouveauté. Aujourd'hui qu'ils n'excitent plus de surprise, ils n'excitent plus d'admiration. Ce qui montre assez que le succès tient de nos jours non pas nécessairement à l'habitude, mais souvent, au contraire, à la stupéfaction.

D'où vient, encore, cet autre postulat que «tout ce qui est réel peut devenir beau» ou qu'«il n'est pas de forme qui ne recèle une beauté secrète et dissimulée au vulgaire», et qu'ainsi l'Art doit adopter docilement, pour les reproduire, toutes les formes du machinisme actuel?—Il vient d'une confusion perpétuelle, chez les philosophes, entre la qualité plastique ou pittoresque des formes ou des couleurs et leur signification morale ou intellectuelle. Cette confusion n'est jamais faite par Delacroix, ni par Topffer, ni par Fromentin, mais depuis les Esthétiques allemandes jusque dans les thèses sur l'Art, soutenues, chaque année, à la Sorbonne, elle se glisse à quelque moment et dans quelque phrase, et aussitôt le débat dévie. Constamment, le philosophe réclame pour les engins que fabrique l'industrie moderne le droit de figurer dans le grand Art; il annonce qu'il va montrer en quoi consiste la beauté plastique, pittoresque, de cet engin et, tout de suite, il oublie qu'il s'agit de plastique et de pittoresque, pour n'en montrer que l'intérêt intellectuel ou poétique,—c'est-à-dire ce qui échappe au sens de la vue ou ce qui peut nous toucher sans lui. Les argumentations de Guyau en sont un parfait exemple et la confusion y est d'autant plus dangereuse qu'elle émane d'un plus puissant esprit et d'un plus éloquent écrivain. Une page typique est celle qu'il consacre à la défense esthétique du «cuirassé» moderne opposé au bateau à voiles. Les artistes regrettent la tartane, le lougre, la caravelle, le bateau qui s'inclinait sous le vent dominé par une immense voilure aux formes aiguës et glissait sur les vagues comme un oiseau. Le philosophe leur répond que «les bateaux à vapeur ont eux-mêmes leur beauté, bien plus, leur grâce», et il se met en devoir de la leur montrer.— Fort bien, pensons-nous, il va louer la forme monumentale du cuirassé vu de face, au repos, tendant autour de lui toutes sortes de choses pointues ou recourbées comme des antennes, le contraste des chaloupes blanches et de sa robe noire, les jeux du soleil sur les aciers, peut-être sur les linges qui, parfois, sèchent par milliers, «ces torchons radieux» qu'exalte la lumière. C'est peu à opposer aux bateaux à voiles immortalisés par Van de Velde, par Ziem et par Turner, mais c'est quelque chose.... Nous lisons la page du philosophe : rien de tout cela, mais des impressions dont aucune ne peut être plastiquement rendue : l'énormité du cuirassé «*se meut* avec tant d'aisance qu'elle effraye à peine ; tout alentour l'eau bouillonne»—et ceci c'est la beauté de l'eau—«refoulée, ajoute-t-il, par une hélice *invisible*» qui, par conséquent, échappe au peintre. Il loue encore les «sifflets, les cris, les hurlements, les rugissements (comme ceux de la «sirène») qui semblent les éclats de joie d'un monstre épouvantable et pourtant docile»,—ce qui peut être perçu par l'ouïe et ensuite par le raisonnement, mais nullement par la vue. Enfin, le poète qui est en lui célèbre la flotte de guerre moderne, «troupe d'êtres gigantesques dont chacun cache au dedans de lui des milliers de volontés distinctes, soumises à la même règle, se confondant dans le même corps monstrueux, se manifestant par un seul mouvement d'ensemble, une société humaine personnifiée qui passe sur la mer en marche vers des dominations lointaines....» La page est magnifique et il faut la lire tout entière. Mais quand on est au bout, l'on n'a point aperçu, dans le cuirassé, telle beauté de lignes, de formes ou de couleurs que le sens de la vue puisse éprouver, ni que l'Art plastique, s'adressant à la vue, puisse rendre.

D'où peut venir, chez un aussi pénétrant esprit, une telle erreur ? Elle vient de ce que le philosophe, si artiste qu'on le suppose, est psychologue, ou sociologue, ou poète avant d'être artiste. Ouvert aux jouissances de l'intelligence beaucoup plus qu'à celles de la sensibilité, attentif aux conditions des arts non plastiques beaucoup plus qu'à celles de l'art tout matériel du peintre ou du modeleur, songeant continuellement au drame ou au poème lyrique lors même qu'il parle peinture ou sculpture; posant ainsi pour les arts *plastiques* des lois qu'il ne démontrera que par des exemples empruntés aux arts *littéraires*, tel est le philosophe contemporain.

Il va se promener dans un vieux quartier de sa ville: il voit des rues tortueuses, sales, des loques pendantes au soleil, un chaudron dans une cuisine, une touffe de pariétaire sur un vieux mur, un étal de boucher, une flaque d'eau ou un ruisseau ou un peu d'océan au bout de la ruelle,—choses admirables et précieuses pour tout artiste et devant lesquelles, peut-être, si la lumière est glorieuse, on s'arrêterait une heure en des joies infinies. Il ne trouve là rien de beau. Il passe. Au bout de cette vieille ville est un musée. Dans ce musée, il retrouve peints par Chardin, par Rembrandt, par Vollon, par Bonvin, par M. Thaulow, quoi donc? Le même chaudron, le même étal, le même mur, la même flaque d'eau qu'il a tout à l'heure méprisés. Et ici, il admire, parce que l'espèce de splendeur qui était dans le chaudron: ces beaux reflets de cuivre profonds et nuancés, éclatants comme un coucher de soleil ou pleins de choses adverses comme un miroir noir, tout cela est ici dégagé, souligné,—moindre à des yeux d'artiste que la splendeur de l'original, mais plus perceptible aux yeux du philosophe. Il se dit: l'Art peut transfigurer ce chaudron; me faire admirer cette flaque d'eau que je n'admirais pas avant: l'Art est grand. Jusque-là, le raisonneur a raison. Il ne fait qu'enregistrer une observation qu'il a faite. Mais, aussitôt, pressé d'établir un principe, il généralise. L'Art peut *tout* transfigurer, dit-il; et, dès lors, il va bien au delà des limites de son observation. Le voici sorti du musée et entré dans l'usine. Il voit des roues, des bielles, des cylindres, des tuyaux, des lignes géométriques rigoureuses, des tons égaux, répandus sur des surfaces dures et plates. Il y a là, dans ces engins, des forces mystérieuses et inouïes emmagasinées. Il y a là de quoi renouveler la matière, la circulation, les conditions sociales peut-être, la vie. L'imagination du philosophe s'exalte: elle évoque tout ce que le monde en transformation doit à cet engin, à ce cylindre, à cette roue, à ces écheveaux de fils tordus et roulés autour de ce fer à cheval. Il pense à tout cela en sociologue, en poète, et, sans songer aux différents moyens d'expression qu'emploient les arts intellectuels et les arts plastiques, il dit: «Voilà un sujet pour l'Art.»

INTRODUCTION

A la vérité, ce cylindre, cette roue, il ne les trouve pas «beaux», mais il n'a pas trouvé beaux non plus la loque, le chaudron, l'eau dormante. Puisque l'Art en a fait des éléments de beauté, pourquoi n'en ferait-il pas de ces bielles, de ces roues qui lui procurent des sujets de méditation, de rêverie humanitaire et sociale qu'il n'a pas trouvés devant le chaudron? Il n'a pas vu la «beauté» du chaudron; il voit l'intérêt de la machine. Or l'artiste a fait une belle œuvre du chaudron. Donc, à plus forte raison, il peut transfigurer cette machine. Et le syllogisme est fait. Pour le philosophe, il est excellent. Pour un artiste, il ne vaut rien. Il repose sur une confusion entre la prétendue «laideur» du chaudron, ou du vieux mur, ou de la loque, ou de l'étal, et la nullité esthétique de la mécanique. Car le chaudron avait déjà une infinie beauté pittoresque. Si le philosophe ne l'a pas vue, l'artiste, lui, ne manquera jamais de la voir. Tandis que toute cette poésie, cette signification que le philosophe découvre dans la machine n'est pas du tout d'ordre plastique ou pittoresque. L'artiste souvent ne la voit pas et, dans tous les cas, ne peut pas la faire voir.

Enfin, le troisième postulat de la critique contemporaine, infiniment moins arbitraire que les précédents, est que le goût change selon les races, les époques, les milieux et que les joies esthétiques ne sont point déterminées par les mêmes formes dans tous les temps et dans tous les pays. De là suit qu'on ne saurait établir de «lois» générales du Beau. Et l'on aurait tout à fait raison si l'on disait qu'il y en a fort peu et surtout fort peu de générales. Il est vrai, par exemple, que les lois posées par David et son école pour la figure humaine en réaction contre les nez retroussés, les visages chiffonnés du XVIIIe siècle, étaient bien arbitraires et, d'ailleurs, elles ne se vérifiaient ni chez la plupart des anciens maîtres: Rubens, Vélazquez, Franz Hals, ni chez David lui-même en ses œuvres réalistes les meilleures, ni chez les grands artistes qui l'avaient immédiatement précédé. Elles ne se vérifiaient que dans la statuaire, et encore dans une certaine statuaire: la grecque; et encore que dans une époque de la grecque: celle de Phidias. Mais quand, en réaction de l'école de David, on a décidé qu'un visage, pour être esthétique, devait refléter une passion, ou une pensée, ou une race, ou un état social, on a posé là une loi qui ne se vérifie par rien du tout. Pareillement, si l'on enseigna, jadis, que le nu seul était beau et que le grand Art ne pourrait jamais s'affirmer dans le traitement des costumes vulgaires et habituels, ou encore que le seul véritable artiste était celui qui pouvait traiter le nu—principe toujours adopté, pour les concours de Rome dans notre École des Beaux-Arts,—on a émis là une évidente erreur et que l'exemple de bien des chefs-d'œuvre décèle à première vue. Mais si, pour réagir contre ce principe, on nous vient dire que tout paletot inventé par un tailleur vaut le nu et le drapé parce qu'il reflète un «état social» ou un «goût contemporain», et que le grand Art tient dans l'expression de cet état et non dans l'expression d'une forme elle-même variée et harmonieuse, comme celle du corps humain, ou, encore, qu'il y a autant de puissance dans la peinture d'un veston, d'un fauteuil, d'un rideau, d'un chapeau que dans une académie de Rubens, et qu'ainsi l'étude du nu ou de l'académie ne sert de rien au peintre, on émet, là, une contre-vérité artistique. Ou si quelque artiste l'a jamais exprimée, dans une boutade d'atelier, il a simplement voulu se divertir ou voir jusqu'où pourrait aller la crédulité des philosophes.

Enfin, si en dégoût de l'étalage myologique des imitateurs de la Renaissance, de ces grands dentelés, grands obliques, ces muscles saillants, ces boules, ces «sacs de noix» qu'on a trop longtemps exhibés dans les tableaux d'académies, on prêche la «simplification» et la «synthèse», on a raison, d'autant que, dans la Nature, ces rouages du corps humain sont à peine visibles. Mais donner à des fautes de dessin le nom de «simplifications» ou à des indigences de couleurs le nom de «synthèses», admettre que le modelé ne soit même pas indiqué, sous prétexte d'«évocation» et de «vision personnelle», c'est seulement revêtir de vocables philosophiques les ignorances techniques les plus communes et signer «sagesse» ce que l'impuissance a écrit. De ce que telles «lois du Beau» reçues autrefois à l'école fussent arbitraires, exagérées ou néfastes, il ne s'ensuit pas nécessairement qu'il n'y ait pas de conditions de vie particulières à l'Art plastique ou, si l'on veut, des nécessités.

Ces conditions, on les retrouve respectées dans toute la suite des chefs-d'œuvre. Quelle que soit la diversité des écoles, des arts, des races et des idéals, certaines œuvres ont une perfection technique qui les sauve et qui réunit, autour d'elles, peu à peu, avec le temps, tous les suffrages. Cela n'arrive pas du premier coup. Ce qui s'impose du premier coup, c'est la Mode, non la Beauté: la Mode dont le double et précis caractère est d'être impérative et d'être éphémère, de s'imposer à tous et de ne s'imposer que pour peu de temps, tandis que le Beau est facultatif et éternel; il ne s'impose d'abord qu'à quelques-uns, mais il continue à s'imposer toujours.

Il est vrai que la mode, le goût d'une époque et surtout chez ceux qui ne sont pas artistes et qui cherchent dans l'art autre chose que ses qualités spécifiques, peut faire dédaigner, momentanément, telle ou telle œuvre, telle ou telle beauté. La constatation qu'il en a été souvent ainsi, dans l'Histoire de l'Art, la surprise et la découverte de certaines époques et écoles primitives trop méprisées jadis— et, en vérité, trop admirées aujourd'hui,—dominent la critique d'art contemporaine. Elle en tire des déductions hâtives. Mais un fait beaucoup plus constant s'observe dans l'Histoire de l'Art: c'est le retour de l'admiration vers les œuvres jadis admirées; c'est la consécration lente mais sûre de certaines œuvres, les mêmes, et leur universalité. Tandis que les œuvres médiocres au point de vue spécifique ont disparu par milliers, celles où il y avait quelque qualité de matière: justesse de dessin, puissance de couleur ou harmonie,—ont survécu. Notre jugement varie beaucoup sur «l'esprit» d'un tableau, très peu sur sa «matière». Si peu que nous considérions, en ce moment, les Carrache, ou le Bernin, ou le Guide, ou le Caravage, quel est l'artiste qui, en toute sincérité, nierait leur puissance et leur beauté? Et bien qu'on soutienne que Cimabué, ou Giotto, ou les sculpteurs français du XVe siècle sont supérieurs à toute la Renaissance, qui voudrait sacrifier la Renaissance à cet engouement passager? Quant à certains maîtres comme Velazquez, comme Rembrandt, comme le Titien, comme Léonard, comme Rubens, comme Van Dyck, comme Franz Hals, quant aux grandes œuvres comme celles de la statuaire grecque, est-il vraiment des artistes, à aucune époque, qui sincèrement les aient tout à fait méprisés? Il faut se défier extrêmement, en un pareil débat, des excommunications prononcées ou des étiquettes adoptées par les artistes, dans un moment de lutte, ou des boutades d'atelier enregistrées par les biographes. «Nous n'avons jamais nié au fond, écrivaient les Préraphaélites, qu'il y eût un art grand et sain chez Raphaël, et chez ses successeurs». Un élève d'Ingres lui ayant demandé ce qu'il pensait de Delacroix, le maître lui dit: «C'est un homme de génie, mais n'en parlez pas,» et M. Bordes-

Lassalle ayant rapporté ce propos à Delacroix, en lui demandant ce qu'il pensait d'Ingres, le maître lui répondit en riant: «C'est un homme de talent, mais n'en dites rien.» Exacte ou controuvée, cette anecdote peint le vrai sentiment des artistes, pour les plus puissants d'entre eux, tel qu'il s'exprime, dans la solitude de l'atelier, lorsque nul thuriféraire n'écoute aux portes. Sans doute, Velazquez n'était pas, il y a cinquante ans, dans les ateliers, le dieu qu'il est aujourd'hui et qu'il ne sera peut-être plus demain, et longtemps le *Laocoon*, célébré par Lessing, a été préféré à l'œuvre présumé de Phidias. Ces maîtres ont eu des hauts et des bas extraordinaires. Dans ce crible que secoue la Mode aux mains puissantes, ils sont fort ballottés. Mais l'important n'est pas là. L'important est qu'ils restent tous du bon côté du crible,—tandis que le fretin passe au travers, devient poussière et se disperse au vent.

Il y a donc des «beautés» sur lesquelles le sentiment des différentes générations concorde et des maîtres sur lesquels il s'accorde, et de la sorte, s'il est vrai de dire que le goût change, il l'est tout autant d'affirmer que le même instinct du beau se perpétue. En le niant, la réaction contre les anciennes lois esthétiques est allée trop loin. Elle a dépassé de beaucoup les limites de ses observations et de ses expériences. On avait affirmé sans preuves: elle a nié sans contre-épreuves. On avait embarrassé l'Art de routines; elle a contesté qu'il y eût des conditions vitales et des expériences à respecter. Enfin, tout en soutenant qu'il n'y a pas de lois en Art, elle en a promulgué de très sévères et de très impératives. Ces lois de l'Esthétique contemporaine, ou, si l'on veut, ces tendances ou ces postulats n'ont jamais fait l'objet d'une démonstration positive. On peut, sans trop de témérité, refuser d'y sacrifier son goût personnel, la lumière qui éclaire chacun de nous. Comment donc juger des faits et des œuvres de la vie actuelle? Peut-être le pourrions-nous avec beaucoup moins de philosophie et de sociologie et un peu plus de confiance en notre goût instinctif.

III

Juger avec son goût instinctif, cela veut-il dire aborder l'œuvre d'un maître sans aucune préparation, sans rien savoir de ce maître, de sa vie, de son milieu, de son époque, ni rien avoir vu de ses autres œuvres, ni de celles qui l'ont inspirée? Cela veut-il dire que l'œuvre doive être prise intrinsèquement, sans aucune considération de son sujet, de sa signification historique, ou morale, ou légendaire, ou sociale?

Ici, nous devons nous garder de confondre deux choses: la jouissance qu'on peut prendre à une œuvre d'art et le jugement qu'on doit en porter. Pour en jouir, un grand nombre d'idées n'est jamais nuisible et il se peut qu'il soit utile; pour en juger, une seule suffit ou plutôt un seul sentiment; le «sentiment esthétique» et tout le reste: rapprochements historiques, significations morales ou sociales, non seulement n'aide pas à en juger, mais peut, jusqu'à un certain point, entraver la liberté du goût et égarer le jugement.

Par là, on voit combien il faut se défier de la critique d'art dite «littéraire», qui remplace la délicatesse des sensations par la subtilité des idées, la poésie des formes et des nuances par la poésie des mots et qui les confond de telle sorte qu'un philosophe paraît avoir des sensations délicates lorsqu'en réalité ce sont ses idées qui sont subtiles, et qu'habile à différencier les moindres nuances d'une pensée, il embrouille les divers tons d'une couleur ou les différentes phases d'un geste. Je dis qu'il faut s'en défier, non pas quand on veut *jouir* d'une œuvre d'art, mais quand on veut en *juger*. Quant on veut en jouir, en effet, quoi de plus naturel, quoi même de plus nécessaire que d'en saisir les moindres affinités, les plus subtiles intentions, que d'appeler et de rassembler autour d'elle toutes les idées, tous les souvenirs qui peuvent nous y attacher? Aussi, quand il arrive à quelque philosophe de trouver de belles significations et de profonds symboles aux œuvres des peintres ou des sculpteurs, comment pourrait-on le lui reprocher? On dit que ceux-ci ne les y ont pas mis? Mais qu'importe, si on les trouve? Et qui a jamais reproché à Moïse d'avoir fait jaillir une source là où il n'y avait qu'une terre aride et desséchée?

Mais si le philosophe fait de son interprétation à lui la qualité de l'œuvre qu'il interprète, s'il élève son impression toute subjective à la dignité de caractère objectif de l'œuvre, si, en un mot, il estime l'œuvre plus ou moins, en raison du plus ou moins de pensées qu'elle lui a inspirées, c'est alors qu'il nous égare et qu'il faut nous défier de lui. Car un ingénieux philosophe, un exquis poète peuvent tirer de très belles inspirations d'une œuvre très médiocre, tandis qu'une très belle matière peut ne rien leur inspirer du tout. Giotto ou Cimabué ont inspiré plus de belles pages que Franz Hals ou Velazquez. La beauté d'une description ou d'un commentaire n'est nullement en raison directe de la beauté de l'objet décrit ou expliqué. On peut même dire, en thèse générale, que plus un «motif», plus un sentiment, plus une pensée est rendue avec éloquence par la littérature, moins elle peut l'être par l'Art plastique. «La langue qui parle aux yeux, a dit Fromentin, n'est point celle qui parle à l'esprit.» Et qu'ainsi, demander à l'Art les mêmes impressions qu'à la littérature, c'est proprement lui demander ce qu'il ne peut pas donner ou ce qu'il ne peut donner sans contrainte, sans affectation ou absurdité.

«Un jour, raconte Stendhal, un grand seigneur russe pria le peintre de la cour de lui faire le portrait d'un serin qu'il aimait beaucoup. Cet oiseau chéri devait être représenté donnant un baiser à son maître, qui avait un morceau de sucre à la main: mais on devait voir dans les yeux du serin qu'il donnait un baiser à son maître, par amour, et non point par le désir d'obtenir le morceau de sucre.» Voilà de l'Art suggestif, de l'art intentionniste.—Suggestif d'une sottise ou d'un enfantillage? Soit. Mais l'enfantillage tient moins encore dans la chose à suggérer que dans le désir de suggérer par l'Art une chose que dix mots expliquent beaucoup mieux. Et il faut prendre garde que ce désir ne soit aussi vain lorsqu'il s'agit de signifier le bienfait de la mort ou la fraternité humaine que lorsqu'il s'agit de montrer le dévouement désintéressé d'un serin.

Envisageons un sentiment plus haut: celui de l'amitié et qui a inspiré un de nos plus grands suggestifs: Poussin. Prenons le *Testament d'Eudamidas*. Eudamidas, vieux soldat de Corinthe, allait mourir laissant après lui sa mère et sa fille,—et point de fortune. Mais si Eudamidas n'avait point d'argent, il avait deux amis: Charixène et Arété. Confiant en leur amitié, il imagina de léguer sa mère au premier et sa fille au second, avec mission de nourrir l'une et de marier l'autre avec une aussi grosse dot qu'on pourrait lui donner. Poussin lut ce trait chez Lucien, le trouva beau et, comme il pensait que la peinture doit exprimer de fortes pensées, il en fit un tableau: *le Testament d'Eudamidas*. Dans ce tableau, le soldat de Corinthe est représenté étendu sur son lit. Le médecin, la main sur le cœur du malade, est là, observant les approches de la mort. La mère et la fille pleurent: c'est très touchant, mais cela ne nous montre qu'une mort et non pas la *confiance en l'amitié*.... Alors, pour l'exprimer, Poussin a introduit une cinquième figure, essentielle, la figure symbolique: un notaire. Il écrit les dernières volontés. Et c'est à l'expression de ce notaire que nous devons de comprendre le legs du mourant. Et, encore, devons-nous saisir ce trait.—Que si l'un des deux amis, Charixène ou Arété, vient à mourir, le confiant Eudamidas dispose que le legs qu'il lui fait— c'est-à-dire la charge dont il l'honore,—revient au survivant. Et il faut que nous voyons sur toutes ces figures que le guerrier ne doute pas un instant que sa confiance soit bien placée.

Que de choses dans l'expression d'un notaire! Moins encore, cependant, ou moins contradictoires que celles admirées par les philosophes dans la fameuse *Médée* de Timmomaque. Timmomaque, raconte Pline, avait peint une *Médée massacrant ses enfants*. Ce qu'il y avait d'admirable dans ce tableau, c'est que l'artiste avait exprimé, dans le même visage, à la fois la fureur de la femme qui tuait ses enfants et la tendresse de la mère qui les regrettait. Et comment y était-il parvenu? Il y était parvenu, dit l'Histoire, en donnant à la figure un œil féroce et un œil attendri; en sorte, ajoute l'historien, que «la fureur paraissait dans la pitié et la pitié dans la fureur....»

C'est l'exagération, pensera-t-on peut-être, qui nous choque ici.— Mais l'exagération d'une vertu, en Art, ne nous choquerait pas!— Peut-être, dira-t-on qu'il n'est rien qui, poussé à l'extrême, ne puisse devenir absurde?... Mais si! Il y a les *qualités spécifiques* de cet Art. Un tableau ne peut jamais être trop harmonieux, une statue trop bien proportionnée, un monument trop bien équilibré ou trop imposant; une succession de couleurs ne peut jamais être trop délicate, un passage de lumière jamais trop subtil, une synthèse de traits jamais trop sobre, ni trop juste, et s'il y a exagération en quelqu'une de ces qualités esthétiques, cette exagération deviendra facilement une caractéristique et une beauté.

Qu'il y ait exagération dans la force myologique,—tant mieux, ce sera Michel Ange! dans la fraîcheur et la beauté du sang,—tant mieux, ce sera Rubens! dans le mystère du clair-obscur,—tant mieux, ce sera Rembrandt! exagération dans l'analyse subtile, inquiète des moindres frémissements d'indéfinissables teintes rompues sous la lumière,—tant mieux ce sera Watteau! exagération dans l'importance donnée au trait sobre et juste,—tant mieux, ce sera Ingres! exagération dans les jeux splendides mais fugitifs du soleil et de l'atmosphère chargée de vapeurs humides,—tant mieux, ce sera Turner! Et dans chacune de ces qualités spécifiques, même exagérées, de ces expressions esthétiques, même outrées, il y aura une source de beauté. Car plus on développe et l'on pousse à l'extrême une vertu *propre à l'Art*, plus on fait un chef-d'œuvre dans cet Art.

On voit donc bien la différence: insistance dans le symbolisme, dans la suggestion, c'est-à-dire dans les qualités morales ou sociales de l'Art,—source de ridicule.

Insistance dans l'harmonie, la précision, la délicatesse, le mouvement, qualités spécifiques de l'Art,—source de beauté.

Qu'est-ce à dire, sinon que nous possédons là, le signe, la pierre de touche nécessaire pour juger les œuvres d'art et que les qualités à considérer, avant tout, dans l'Art, sont évidemment celles qui ne peuvent jamais y être trop marquées, être trop puissantes, être trop ressenties. Celles, au contraire, qui deviennent facilement des défauts: symboles, prédictions morales et sociales, enseignements historiques, sont des qualités purement accessoires, ou ne sont pas des qualités du tout.

Envisageons, maintenant, les deux hypothèses les plus simples: une œuvre d'art nous plaît, une œuvre d'art nous déplaît.

Ceci nous plaît.... Oui, mais pour combien de temps? Ne vous est-il jamais arrivé de changer de sentiment sur un édifice, sur un tableau, sur un costume, sur un opéra? Une toilette qui plaisait il y a vingt ans, plaît-elle autant aujourd'hui? Une symphonie, une «romance» qui vous parut pénétrante la première fois que vous l'entendîtes, n'a-t-elle pas un peu perdu de charme la centième fois que la meilleure *diva* l'a restituée à vos oreilles? Et, cependant, si vous avez aimé les *Pèlerins d'Emmaüs* de Rembrandt, il y a vingt ans, il y a trente ans, les aimerez-vous moins aujourd'hui que vous les connaissez mieux? Vous les aimerez davantage et davantage vous aimerez une belle symphonie de Beethoven! Il y a donc des goûts dont on change et il y a des goûts dont on ne change pas. Il y a donc des œuvres qui plaisent du premier coup et qui déplaisent à la longue et il y en a d'autres qui, à la longue, plaisent davantage et dont le charme se dégage indéfiniment. Ce n'est donc pas tout de savoir si une œuvre d'art nous plaît: il faut encore savoir à quoi elle plaît en nous: si c'est à un goût passager fait de curiosités éphémères, ou bien si elle répond à ce qu'il y a de plus profond en nous et de plus sincère, de plus naïf dans notre admiration et de plus permanent dans notre humanité.

Or qu'est-ce qui peut nous égarer un instant et nous tromper sur la spontanéité de notre joie et sur la fidélité ou la durée de notre adhésion?—Bien des choses, et les plus sages d'entre nous, les mieux avertis, les plus artistes peuvent s'y tromper. Voici Ingres, par exemple. «Un jour, raconte un de ses biographes,—c'était à l'époque de son premier voyage en Italie,—Ingres s'était épris, avec la passion qu'il apportait en toutes choses, des fresques de Luca Signorelli, dans la cathédrale d'Orvieto. Malgré les incorrections de détail et les bizarreries d'un style aussi peu conforme encore au style des chefs-d'œuvre prochains de la Renaissance, que dépourvu de la beauté antique, ces peintures, qu'il voyait pour la première fois, lui apparaissaient comme de vrais modèles, dignes de la plus minutieuse étude. Il voulait se les approprier tous, s'installer dans l'église, au moins pour une semaine, avec l'élève qui l'accompagnait alors, et ne quitter la place que lorsqu'il aurait dessiné jusqu'à la dernière figure, recueilli jusqu'au moindre élément d'information. Le lendemain, en effet, il accourt armé de son portefeuille et de ses crayons, et le voilà au travail.... Au bout d'une heure, l'enthousiasme de ses paroles et de ses regards avait cessé. Il ne disait plus mot, détournait la tête, s'agitait à tout moment sur sa chaise et comme son élève, étonné de ces distractions et de ce silence, lui demandait s'il admirait moins ce qu'il avait sous les yeux.... «Oh! si fait! répondit Ingres: c'est beau, c'est très beau, mais... c'est laid, c'est très laid! Et puis, tenez, moi, je suis un Grec.... Allons-nous-en!»—Quelques instants après, il quittait Orvieto, oubliant aussi volontiers Luca Signorelli, qu'il s'était passionné pour lui, la veille.»

Qu'est-ce à dire? Qu'Ingres ne fût pas sincère? Il était sincère. Qu'il fût dominé par l'habitude? Son premier mouvement avait été, au contraire, le goût de la nouveauté. Que, sincère et libre, il

n'eut pas une connaissance suffisante de son métier? Qui l'aura?...
Ou cela ne veut-il pas dire plutôt qu'il n'avait pas éprouvé assez son
impression et qu'il ne suffit pas d'avoir bon goût, d'être libre, de
savoir le métier: il faut encore éprouver son impression.

Il faut, d'abord, se demander si l'enthousiasme que nous ressentons
est un enthousiasme positif ou s'il est négatif, c'est-à-dire si nous
aimons une œuvre d'Art, une mode, une apparition vivante pour la
vision qu'elle nous apporte ou pour celle dont elle nous débarrasse,
pour sa beauté nouvelle que nous admirons ou bien simplement
pour sa réaction contre un idéal vieilli que nous n'admirons plus.
Celui qui a dit:

Qui nous délivrera des Grecs et des Romains?

était évidemment prêt à admirer une œuvre d'art pour cela seul
qu'elle échapperait à l'obsession de l'Antiquité. Constamment, en
effet, un succès n'est dû qu'à un besoin de réaction. Par réaction
contre le Réalisme, on se jette dans le Symbolisme le plus suggestif.
Par réaction contre le Symbolisme qui signifie trop de choses, on
se jette dans l'Impressionnisme qui n'en signifie plus assez. Par
réaction contre l'Impressionnisme, où nous allons nous jeter?
Assurément dans quelque «manière», dont la première qualité
sera de restituer une chose que l'Impressionnisme aura proscrite.
C'est là le secret de certains engouements qui, autrement, seraient
inexplicables. «Les femmes, à l'église, a écrit Mme de Girardin,
ont toujours l'air de prier contre quelqu'un.» On peut dire, qu'en
Art, les grands succès qu'on fait, passagèrement, à une école sont
faits *contre* une autre école, dont on est fatigué.

Plus tard, lorsque le besoin de réaction est satisfait, on revient
à un sentiment plus juste; le goût s'exerce plus librement. Or ces
besoins de réaction, qui influencent notre jugement, ne sont pas
les mêmes selon les générations. Ils sont contradictoires. Ils font
osciller la balance tantôt trop d'un côté, tantôt trop de l'autre. Ce
n'est qu'à la longue que la moyenne s'établit: la *Moyenne*,—c'est-à-
dire le jugement du goût personnel, de votre goût, seulement de
votre goût libéré de la Mode, de votre goût sans réaction, de votre
goût positif, universel et permanent. C'est vers cette moyenne qu'il
faut tendre si l'on veut juger, à fond et pour l'avenir, d'une œuvre
d'Art.

INTRODUCTION

De même qu'il faut prendre garde que le sentiment soit trop passager, il faut prendre garde qu'il soit trop personnel, trop individuel, comme, par exemple, le souvenir d'un pays que l'on a vu sous une impression de joie intérieure, la figuration d'une idée qu'on a faite la compagne de sa vie ou d'un fait qui est entré dans notre destinée. De ce nombre, sont la plupart des sujets historiques passionnants pour les gens d'un seul pays, d'une seule époque et souvent d'une seule opinion, mais indifférents à tous les autres. Un sujet, par exemple, qui intéresse vivement certains Anglais est celui de John Knox prêchant devant les Lords de la Congrégation le 10 juin 1550. Toutes les fois qu'on peindra ce sujet, en Angleterre, on est sûr de soulever un vif enthousiasme. C'est que de cette prédication date une ère de réformes et de persécutions pour l'église anglicane. Pour nous, qui n'avons pas les mêmes raisons d'être émus, si nous allons à la *National Gallery* et si nous voyons le *John Knox* de Wilkie, nous ne prenons garde qu'à la façon dont il est peint, et comme il l'est fort mal, nous n'éprouvons aucune émotion. Les autres, un Turc, un Russe, feront de même. Et, même en Angleterre, lorsque John Knox sera tout à fait oublié, ce tableau ne fera plus d'impression à personne.—Tandis que les galeries de Florence, de Venise, de Cologne, de Bruges, d'Amsterdam, sont pleines de tableaux dont les sujets sont oubliés depuis longtemps: scènes d'histoire, dont le récit est indéchiffrable; légendes, dont l'intention nous échappe; mythes, dont le sens est perdu; miracles, dont on ne trouve pas trace dans les vies des Saints; portraits enfin, portraits de femmes inconnues dont le nom a duré moins que le sourire, portraits d'enfants dont on n'a jamais su le nom, comme ceux de Murillo à Munich, et qui, cependant, après trois siècles écoulés, oubliés de tous et de tous inconnus, enchantent encore les imaginations les plus diverses et les plus lointaines.

Il peut donc y avoir à notre impression des causes très différentes et assez faciles à démêler: les unes toutes personnelles, toutes locales, qui tiennent seulement au *sujet*, les autres universelles qui ne tiennent qu'à la manière dont le sujet est traité. Ce sont ces dernières seules qui comptent,—non pas quand il s'agit de prendre du plaisir à l'Art, mais quand on veut en juger. Assurément s'il s'agit d'y prendre du plaisir, rien ne nous en donnera un si subtil ni si particulier que ce que nous croirons y découvrir tout seuls ou ce qui nous semblera y avoir été mis pour nous seuls. Mais s'il s'agit de porter sur cette œuvre un jugement qui soit compris par les autres, ou de comprendre celui que les autres ont porté, alors il faut laisser tomber ce qui dans notre impression est le plus individuel, le plus personnel, et, au contraire, en recueillir ce qu'il y a en elle de plus altruiste, de plus universel.

Qu'est-ce donc qui est le plus universel? Qu'est-ce qui émeut toutes les âmes artistes? C'est la beauté spécifique de l'Art: c'est ou la qualité de la sensation colorée, ou celle de la ligne, ou celle de la densité ou du relief, ou celle de la puissance et de la souplesse de mouvement. Il n'est pas besoin pour les ressentir d'être de tel pays, de telle époque, de telle condition sociale. C'est la langue universelle parlée par tous, entendue par tous. Si ces qualités-là y sont, l'œuvre qui nous a plu est belle.

Envisageons maintenant la seconde hypothèse: l'œuvre nous déplaît. Cela suffit, pensez-vous peut-être comme William Morris qui disait: «Ce qui est laid, c'est ce qu'on n'aime pas». Non, cela ne suffit pas. Encore faut-il savoir à quoi elle déplaît en nous, si c'est réellement à notre goût, à notre sentiment esthétique: si elle contrarie notre vision directe de la nature ou de la vie, ou bien si ce ne serait pas à une idée préétablie, à une habitude prise, à une éducation reçue, à une formule, à un type que nous avons accoutumé d'admirer et auquel nous rapportons, inconsciemment, tout ce que nous voyons de nouveau. Par exemple, sir George Beaumont entre un jour dans l'atelier de Constable, qui venait d'achever un paysage, le regarde en connaisseur qu'il était et lui dit: «Oui, c'est très bien,... mais je ne vois pas votre petit *arbre brun*.... Où allez-vous mettre votre petit *arbre brun*?» Or il n'y avait pas de petit arbre brun dans le coin de nature interprété par Constable, mais, à cette époque, il était entendu qu'il fallait toujours, au premier plan, un petit arbre brun, ou une souche, ou une racine noire. C'était une habitude entrée tellement dans la vision des amateurs, que s'ils ne voyaient pas le premier plan pourvu de ce sombre appendice, ils ne reconnaissaient pas un signe des tableaux de maîtres, et ils étaient choqués.

C'est cette habitude, cette intoxication, pourrait-on dire, du brun, du noirâtre, de la couleur ambrée qui a fait repousser les impressionnistes quand ils ont paru. On s'est écrié: «Qu'est-ce que ces ombres violettes? Les ombres ne sont pas violettes! Les ombres sont brunes.» Sans entrer, pour le moment, dans l'examen des théories impressionnistes, on peut dire que les ombres ne sont certainement pas, au moins en plein air, brunes comme on les peignait avant eux. Ce n'était nullement une loi de nature: c'était une simple habitude prise à regarder les tableaux jaunis et noircis des maîtres. Et, alors, devant des essais beaucoup plus justes, on était choqué, on criait au scandale. «Le terreux et l'olive, dit Delacroix, ont tellement dominé leur couleur que la nature est discordante à leurs yeux avec ses tons vifs et hardis.»

Comment donc s'y prendre, quand une œuvre imprévue, une technique nouvelle vient étonner la vision que les œuvres anciennes nous ont donnée de la nature? Comment discerner si c'est une tentative légitime, une vision juste,—ou une gageure, une erreur ou une folie? Tout simplement en le demandant au modèle lui-même, à la grande inspiratrice: en consultant la Nature et en lui comparant, en collationnant, pour ainsi dire, avec elle, l'interprétation nouvelle qu'on veut nous en imposer. On dit: Tous les goûts sont dans la Nature. Soit. Mais toutes les nouveautés y sont aussi. «Le réalisme, dit Delacroix, est la grande ressource des novateurs, dans les temps où les écoles alanguies, pour réveiller les goûts blasés du public, en sont venues à tourner dans le cercle de leurs inventions. Le retour à la Nature est proclamé, un matin, par un homme qui se donne pour inspiré.» C'est la loi de toutes les révolutions esthétiques. Il faut donc y retourner aussi pour juger d'un nouvel effort. D'ailleurs, quand paraît un mot nouveau, une expression inconnue, que faisons-nous pour en juger? Par exemple, le mot: *ensoleiller*, le mot: *papillonner*, le mot: *mondial*? Irons-nous comparer l'expression nouvelle à celles qui existent déjà et voir si elle leur ressemble? Ou n'irons-nous pas plutôt la comparer à la pensée et voir si elle la rend? Devrons-nous chercher dans un dictionnaire et, si nous ne l'y trouvons pas, dire: c'est une expression mauvaise; il ne faut pas l'accepter! Ou ne devrons-nous pas chercher dans la pensée si la nuance que rend le mot y existe, et si cette nuance existe et si l'on n'a pour la rendre encore aucun mot, ne dirons-nous pas qu'il est légitime de l'employer? Or comparer l'expression nouvelle à la pensée, en littérature, c'est, en Art, comparer la vision nouvelle à la Nature,—qui est peut-être une pensée infinie.

Ainsi, pour juger d'une œuvre d'art, d'une forme nouvelle dans la vie, un seul guide: le goût.

Mais le goût libéré des associations d'idées et de l'habitude.

Or le goût ne se libère des idées que s'il s'attache aux qualités spécifiques de l'art, parce que, seul, il peut les sentir.

Il ne se libère de l'habitude que s'il se retrempe dans la contemplation de la Nature parce que, seule, elle contient toute nouveauté.

Juger avec son goût; le goût s'exerçant sur les qualités spécifiques; ces qualités étant considérées dans leur rapport avec la Nature;— toute la méthode pour juger d'une œuvre d'art ne serait-elle pas là?

IV

Telle est la méthode appliquée dans les essais qui vont suivre. Dans aucun d'eux, l'auteur ne prend parti contre le goût instinctif de la foule; mais dans tous, il essaie de libérer ce goût des habitudes de la vision et de le mettre en garde contre les sophismes du raisonnement. Si l'on condamne, de prime abord, la forme grêle des ponts métalliques, il demande un second examen. Il examine si ce n'est point l'accoutumance aux formes massives de la pierre qui nous empêche d'admirer la fine trajectoire du fer. Si l'on refuse de voir dans les meilleures œuvres de Monet ou de Sisley des effets justes rendus avec puissance, le lecteur est simplement sollicité d'observer s'il ne s'est point fait les yeux aux tonalités chaudes et cuites des anciens paysagistes,—et si, en s'efforçant de voir la nature avec des yeux neufs, en considérant les champs par le plein soleil, il ne retrouve pas plutôt les tons de Claude Monet que ceux de Claude Lorrain. Et, ainsi, la beauté de certaines choses nouvelles apparaît, pour peu qu'on laisse décider le goût, sans l'obsession des modèles anciens et des souvenirs.

Mais, d'autre part, l'auteur ne pousse pas si loin la méfiance de cette obsession ou de ces souvenirs qu'elle le détourne de son instinct, lorsqu'il s'élève avec persistance contre une chose nouvelle. Si donc, sacrifiant son goût instinctif et son impression sensorielle à quelque raisonnement, le lecteur se croit tenu d'admirer le vêtement géométrique moderne ou les maisons de rapport de vingt étages, «parce qu'il n'y a pas de formes laides en soi» et «dont l'Art ne puisse tirer parti»,—ou s'il condamne, malgré qu'il les trouve belles, certaines photographies de tout point semblables à des mezzo-tintes ou à des fusains, «parce que la nature n'y est pas vue à travers un tempérament»,—l'auteur demande la permission d'examiner ce que valent ces deux propositions philosophiques:— s'il est bien vrai que l'Art ait jamais tiré parti de la laideur géométrique ou s'il est bien sûr qu'il n'y ait point, dans certaines photographies, «intervention d'un tempérament». Car ce sont là des arrêts justiciables de la critique la plus rationnelle, puisque le goût, l'instinct naturel y est plutôt contrarié que suivi et que, seule, une opération de la raison en a décidé.

Quant au reste, quant à ce qui ne relève pas de la critique historique, c'est la Nature seule qu'il faut consulter. Elle seule est toujours belle, ou,—si le mot de beauté éveille une idée de perfection plastique trop restreinte et trop anthropomorphe,— elle seule est toujours, en tous ses détails, et à toutes ses heures, une joie pour le sentiment profond qui veille en nous. A ce sentiment esthétique, ou à cette sensation, qui ne se définit guère que parce qu'il n'est pas et qui ne s'explique pas plus à celui qui l'ignore que les sensations de la faim ou de la soif à qui ne les a jamais ressenties, constamment il faut en appeler. Il est juge suprême de l'Art, parce qu'il en jouit et en souffre suprêmement. Combien l'éprouvent, je ne pourrais le dire, mais comme un culte commun, il unit à travers l'espace, devant les mêmes œuvres, des êtres qui s'ignorent et, à travers le temps, des êtres qui se succèdent, par les mêmes émotions subtiles ressenties et les mêmes colères, et les mêmes douleurs et les mêmes joies éprouvées. S'il est des «questions esthétiques contemporaines», c'est pour ceux-là seulement d'entre nous, pour qui il y a des joies et des douleurs esthétiques, et toute la science ou la raison du monde ne nous servirait de rien sans cette joie ou cette douleur, pour les éclaircir, ou seulement pour les éprouver.

PREMIÈRE PARTIE
L'ESTHÉTIQUE DU FER

L'ESTHÉTIQUE DU FER

Réssuscitons par la pensée le printemps de l'année 1900. C'est l'année de l'Exposition universelle.

Les oiseaux migrateurs qui passent en cette saison sur Paris voient le long du fleuve qu'ils connaissent un spectacle qu'ils ne connaissaient pas. L'ensemble de la ville n'a pas changé. C'est bien toujours la même mer grise de pierres où traînent des vapeurs, où s'enfoncent des paquets d'herbes, où émergent çà et là les nefs des cathédrales et les bouées noires et dorées des dômes dans le flottement des ombres violettes qui suivent la course des nuages. Mais ce qui est nouveau, c'est l'entassement d'une multitude de toits, sur des rives ordinairement vides, et ce qui est étrange, c'est leur diversité.

La plupart de ces toits, l'oiseau migrateur les connaît et, s'il est de ceux qui y suspendent leur nid, il en sait le degré d'hospitalité. Mais il ne les a jamais vus ensemble. Il est accoutumé à trouver, après les toits pointus en bois ou en ardoises des régions pluvieuses, le toit de tuiles des climats tempérés, puis le dôme et la terrasse des pays chauds, mais non pas avant d'avoir traversé les montagnes qui partagent les bassins, ni suivi les vallées où s'étagent les vignes, ni passé la mosaïque bleue et or de la mer et des îles et vu se presser les têtes rondes des orangers et la garde montante des cyprès.

Ici, en planant, dans un coup d'ailes, il aperçoit, aussi serrés les uns contre les autres que des chapeaux dans une foule, tous les toits que séparent d'ordinaire de longues journées de voyage à travers les climats changeants: chapeaux plats, chapeaux ronds, chapeaux de paille, casques d'or, pyramides à écailles de bois disposées pour le glissement des neiges; terrasses faites pour goûter la fraîcheur des soirs, dômes d'Orient, piles d'abat-jour, toits relevés à leurs bouts comme des souliers à la poulaine, pigeonniers du moyen âge, taillis de couteaux du Soudan, tas de grosses bûches des toupas ou des isbas; tous les jets des flèches et tous les bouillonnements des coupoles, depuis la pomme byzantine jusqu'à la poire d'or moscovite. Voilà ce qu'un migrateur au printemps de l'année 1900 pouvait voir en passant.

Mais pendant l'hiver qui précéda l'Exposition, ce qu'il eût aperçu était plus étrange encore. Au premier abord, en voyant la fourmilière des ouvriers s'acharner à ces constructions hémisphériques tout au bord de l'eau et avec des matériaux qui, de haut, ressemblaient beaucoup à de fines bûches, il les eût pris pour un peuple de castors au travail. Au bout de quelques instants, à mieux considérer ces édifices, il les aurait crus construits par des oiseaux. On eût dit en effet des nids gigantesques posés sur les deux bords d'un ruisseau: nids formés d'un inextricable fouillis de baguettes entremêlées avec une incomparable adresse, que peut seule surpasser celle du loriot ou de la rousserole; nids feutrés sinon du coton des fleurs de peuplier, de toiles d'araignées ou de mousse, du moins de chanvre ou d'étoupe mêlés à du plâtre, c'est-à-dire de *staff*; nids tressés de tiges de fer comme ce nid qu'on peut voir à Soleure, pays d'horlogers, et que les oiseaux ont construit avec des ressorts de montres.

L'armature fine, délicate, nouvelle de tous ces monuments, l'ingéniosité de ces nids ou de ces treillis de fer, impondérables à l'œil quand ils étaient nus, insoupçonnables dès qu'ils furent revêtus, armature commune de tous ces organismes si différents, tel fut assurément le plus grand prodige de l'Exposition de 1900.

Devant cette végétation de fer de plus en plus touffue et envahissante, nous reconnaissons la marche sûre et les fortes prises de la science. Et quand, par hasard, cette armature, débarrassée de tous les matériaux qui la cachent, veut se suffire à elle-même et apparaît seule à nos regards, comme dans l'intérieur de quelques palais et dans le nouveau pont jeté sur la Seine, quand nous voyons se réaliser au seuil du siècle nouveau le vœu de ce poète du XVIe siècle:

Une maison d'archal composée en réseaux,

ce n'est plus seulement de l'admiration pour la Science, mais ce sont des inquiétudes pour l'Art.

Inquiétudes mêlées d'espérances, car, dans l'agglomération de toutes ces formules de bois, de pierre, ou reproduisant exactement les formes du bois et de la pierre, le seul rameau nouveau, qui s'ajoute au vieil arbre touffu et confus de l'architecture universelle, est un rameau de fer. Que faut-il partager de ces inquiétudes? Jusqu'où faut-il aller de ces espérances? C'est ce que les exemples mis depuis quelques années sous nos yeux nous permettent peut-être de déterminer.

CHAPITRE I
Comment juger d'une architecture nouvelle?

§ 1.

Comment en jugerons-nous? Avec notre goût. Car, pour juger d'une forme nouvelle, nous devons nous garer de deux suggestions: l'une que nous fournit la pure habitude, l'autre que nous inspire le raisonnement pur; la première ayant façonné notre goût, jusqu'à le rendre hostile à toute forme nouvelle, et le second nous faisant défier de cette habitude, jusqu'à l'abdication complète de notre goût. Les deux manières de juger sont fatales, car elles entravent également l'indépendance du seul sentiment qui nous permette d'éprouver la beauté: le sentiment esthétique, alors que la raison ne doit servir qu'à écarter du sujet les entreprises de la raison même et assurer le libre exercice du goût.

En effet, parce qu'une forme imprévue éveille en nous d'autres idées que l'usage du monument auquel l'artiste vient de l'employer, il ne faut pas la condamner comme laide. Et, par exemple, ce n'est point parce qu'un musée ressemblerait de loin à un chapiteau d'alambic ou une porte monumentale à un appareil de chauffage, qu'il faudrait, dès l'instant, les condamner. Ce n'est point davantage parce que de minces piliers, faits d'une matière nouvelle et supportant une énorme voûte, ne nous fourniront plus l'impression de stabilité que nous donnaient les larges assises de pierre, qu'il faudrait dire que toute beauté est perdue. L'habitude n'est pas une loi.

Mais, d'autre part, parce qu'une forme, bien que laide, nous paraîtrait s'approprier exactement aux besoins de la vie moderne, comme fait une gare de chemin de fer, il ne faudrait pas en conclure nécessairement qu'elle est belle. Une forme peut être nouvelle à la fois et belle. Mais elle peut être nouvelle, exactement appropriée à un besoin moderne, représentative d'une foules d'idées sociologiques,—et laide sans plus.

Dans les deux cas, ce dont il faut se méfier, c'est l'abus du raisonnement. Ce qu'il faut suivre, c'est l'impression esthétique, et non pas ce que cette impression a de surtout intellectuel, comme l'association des idées dans notre tête, mais ce qu'elle a surtout de sensible, comme l'association des formes devant nos yeux. Ce qu'il faut en croire surtout, c'est notre impression.

Or, ce qui provoque d'abord l'impression des yeux, ce n'est pas une notion intellectuelle, ce n'est pas l'idée de l'appropriation à un usage, ce n'est pas l'idée de signification structurale, ce n'est pas même l'idée de stabilité: c'est l'élégance, le rythme, la silhouette totale, apparue; c'est, si l'on peut ainsi dire, la *tache* heureuse que fait un monument sur la ville et sur le ciel.

Si cette tache n'est pas heureuse, si, aux yeux, les lignes décisives sont lourdes ou étriquées, ou monotones, vainement prouvera-t-on que l'édifice est solide, approprié à sa destination, révélateur de sa fonction, suggestif d'idées; il pourra plaire à l'esprit, il ne plaira pas au sentiment esthétique. A l'inverse, si la tache est heureuse, le monument peut être archaïque, exotique, mal approprié au sol et au ciel; il peut, vu de son pied, n'offrir que des profils tristes, des reliefs masqués les uns par les autres, et pourtant, s'il est contemplé de loin, produire sur la ville et dans le ciel une tache heureuse, une apparition révélatrice.

Le Sacré-Cœur de Montmartre est un exemple. Peu de projets furent assaillis de critiques plus vives, plus unanimes, plus légitimes. D'abord, cette église n'était guère qu'une coupole, sans nef qui y conduisît. D'en bas, on ne pouvait apercevoir sa façade, mais seulement son porche,—ce qui ne donnait l'idée que d'une grande chapelle. Il n'y avait point de lumière au dedans, et point d'ombres, accusant les reliefs, au dehors. D'ailleurs, pourquoi cet art exotique et vieillot du «Bas-Empire»? Pourquoi, sur la Ville Lumière, ce pastiche énorme d'une obscure bâtisse de Périgueux? Toutes ces critiques semblaient très justes, et si l'on va regarder le colosse de près ou du bas de la Butte, elles n'ont rien perdu de leur vérité. Mais puisqu'on le voit de tant de points différents de Paris, de l'avenue Montaigne comme de la rue Solférino, des boulevards comme du haut de Meudon, c'est sans doute son effet lointain et total qu'il faut considérer.

Or, cet effet est une révélation. On ne voit plus, au-dessus de la montagne de maisons grises, qu'un léger nuage blanc et violet, nuage d'où ne tombe nul orage, mais, seul et rare, le grondement d'une cloche. Le critique ne perçoit, si bien qu'il regarde, qu'un floconnement de coupoles qui assaillent le ciel, l'une montant sur l'autre, la dernière enfin atteignant son but, et recouvrant tout de sa splendeur. Bien au-dessus des coupoles de la contemplation et de la guerre, au-dessus des observatoires fixés sur les terres, et des tourelles errantes sur les mers où s'embusquent les plus prodigieux appareils d'observation ou de destruction qu'ait produits le génie humain, s'élève maintenant la coupole du Salut. Et l'on sent que cette forme est bien celle qui convenait ici. Au sommet d'une ville qui pyramide, ce n'est point un nouvel élan qu'il faut, mais une couronne. Des plaines, il est bon que les flèches s'élancent vers le ciel comme une prière. Mais des hauteurs il est mieux que les coupoles s'abaissent comme une bénédiction.

De même, la «tache heureuse», c'est le mérite du Petit Palais et de la perspective entière des Champs-Élysées aux Invalides. Certes, il n'y a rien dans ces monuments de nouveau, ni de puissant. Le «Grand» Palais se prolonge, çà et là, dans un développement si peu compréhensible qu'il paraît des deux le plus petit. Sa colonnade se juche sur un soubassement si haut et se tapit sous une masse de verre si énorme, que les colonnes, réduites à un rôle purement ornemental, ne jouent plus le rôle de supports où leur élégance se déploierait. Le style est tellement composite, que tout en satisfaisant l'œil à peu près partout, il ne frappe et ne s'impose nulle part. Quelques ornements se dressent inutilement, telles ces fioles gigantesques et inexplicables qu'on voit plantées deux par deux, çà et là, sur le haut de l'édifice. Dès qu'on s'éloigne, l'énorme ballon de verre, allongé sur la pierre comme un aérostat, plus pesant aux yeux qu'un toit de pierre ou d'ardoises, écrase, opprime et aplatit jusqu'à terre le pauvre édifice. Et des chevaux féroces, projetés en éventail sur chacune des portes latérales, s'épuisent en efforts désespérés pour quitter ce monument auquel un sort inexplicable les a, momentanément, attachés.

Mais, quand on aura fait ces critiques et cent autres, il n'en restera pas moins que, vus des Champs-Élysées, les deux palais sont ce qu'il fallait qu'on vît. Ils forment l'allée nécessaire, plantée de colonnes ioniques, qui conduit l'œil aux pylones qui marquent les limites du fleuve. Ce sont les jalons indispensables pour creuser l'horizon vers le dôme. La «tache» que fait chacun de ces deux palais est si heureuse qu'on ne la remarque déjà plus. Il semble qu'ils aient toujours été là. Quand on entre dans le Petit Palais de M. Girault, on éprouve cette impression de paix. On l'éprouve aussi sous la colonnade intérieure qui égaie l'hémicycle, devant les trois miroirs où se reflètent les marbres neufs, et où l'on voit, quand un souffle ride l'eau, les génies qui se tiennent sur le portique, remuer, au gré des reflets, leurs ailes d'or.... Le succès du *Petit Palais*, c'est le triomphe de l'éclectisme, mais c'est aussi le signe évident que notre architecture n'excelle qu'aux recommencements et, qu'au milieu de tant de choses neuves, il n'y a pas une nouveauté.

La pierre n'aura-t-elle donc rien fourni d'imprévu dans cette immense poussée architecturale? N'y a-t-il rien qui donne une physionomie nouvelle au Paris de 1900?—Si. Mais ce n'est pas un legs de l'Exposition. Regardez plus loin vers le Sud et regardez plus haut vers le Nord. Deux monuments dont personne ne parlait plus et qu'on n'avait point invités à la fête, deux intrus gigantesques surgissent brusquement l'un dans la plaine, l'autre sur la colline et, ensemble, aux deux côtés de l'horizon, donnent à Paris un couronnement que nous ne lui connaissions pas. L'un est le dôme des Invalides, l'autre est le Sacré-Cœur de Montmartre. Entre les deux rives qu'ils ponctuent, la science a jeté le pont de la Paix. Ce dôme, ce faisceau de coupoles, ce pont qui permet d'aller des unes à l'autre, voilà ce que Paris n'avait pas encore vu et ce que le monde entier découvre aujourd'hui comme une vision nouvelle dans Paris. L'un nous était caché par les échafaudages, l'autre par le palais de l'Industrie. Les nuages se sont dissipés. Le palais où l'on vit tant de mauvaises peintures est tombé comme un mauvais rêve. A son dernier jour seulement, réduit à sa porte monumentale sous la pioche du démolisseur, il revêtit un instant la dignité d'une ruine. Il eut l'aspect d'un vieil arc de triomphe, tandis que dans l'atmosphère de février mêlée de pluie et de soleil, l'aiguille d'or des Invalides, soudain apparue, tournée vers les nuages derrière les décombres, droite, étincelante, sembla marquer une heure invisible, dans le ciel incertain de la patrie....

En bas, *Gallia Victrix*, en haut, *Gallia pœnitens et devota*: la vision est singulièrement antithétique et saisissante. Certes ces deux monuments furent assaillis de bien des colères philosophiques, le plus ancien, pour son souvenir qu'on trouvait insolent, le plus jeune, pour sa devise qu'on trouvait trop humble, comme s'il y avait quelque honte à faire, après les épreuves que l'on sait, un examen de conscience nationale et comme si, d'ailleurs, la foi qui poussa tant de millions de Français dans cette œuvre désintéressée, patiente, profonde, dans cet édifice dont la hauteur souterraine égale exactement la hauteur visible, n'était pas, quelque opinion qu'on puisse avoir sur son objet, une preuve de vie, et, autant que nos formidables exhibitions industrielles, un signe de force au manomètre d'une nation!

Et, d'autre part, est-il mauvais que l'apparition du dôme de Mansart nous rappelle ce qu'à ce manomètre la gloire jadis a marqué? Les choses ont leurs ironies plus encore que leurs larmes, et dans la hâte où nous sommes de leur donner des significations éternelles, nous courons le risque des prédictions d'almanach. On a construit ce pont à l'honneur de la Paix et le voici qui mène tout droit au Dieu de la Guerre. On a ouvert ce chemin pour aller commodément jusqu'à ce congrès pacifique des peuples, entre les mille drapeaux des nations flottant sur diverses épices, et il se trouve que c'est une trouée vers le casque flambant au soleil qui recouvre les mêmes drapeaux étrangers, seulement déchirés, ceux-là, et conquis dans les batailles. De son antre de vieilles pierres françaises taillées par les maçons du grand siècle, au fond de la cour d'honneur, ayant sous ses pieds le bronze historié de Wurtemberg et sur sa tête les étendards suspendus dans le sanctuaire, le «petit homme... tout habillé de gris» regarde droit à travers l'Exposition jusqu'au cœur de la ville qui lui était masqué.

On savait qu'il existait, sans doute, mais on avait oublié qu'il fût là, si près dans ces Champs-Élysées cosmopolites où tous les peuples du Nouveau-Monde pouvaient passer et repasser sans le voir. Mais, tout d'un coup, il paraît. Et comme une foule qui se range sur le passage d'un souverain, voici que tous ces palais de carton: palais des arts décoratifs et palais des manufactures nationales, palais des peuples nouveaux comme palais des peuples jadis vaincus, palais aigrettés comme des casques et chamarrés comme des chambellans, se sont rangés des deux côtés pour laisser voir au loin, tout au bout du sillon creusé par le respect, le dôme or et noir, le monument solide et hautain d'une gloire qui n'est plus. Et il semble qu'on entende retentir tout à coup, dans les Champs-Élysées inutilement affairés et gravement frivoles, le cri qui faisait ranger tous les courtisans dans les salles des Tuileries ou de Saint-Cloud: «l'Empereur!»

§2.

Ce don d'une architecture nouvelle que la pierre nous refuse, le fer nous le promet-il? On s'en flatte d'ordinaire et l'on a écrit là-dessus de très belles pages. Jadis Boileau et Labrouste en fournirent de fort bonnes raisons et de fort mauvais exemples. A cette opinion Viollet-le-Duc se rangea aussi. Depuis eux, cette idée s'est répandue qu'une civilisation nouvelle, servie par de nouveaux matériaux, ne pouvait manquer de produire un style d'architecture nouveau. Et puisque le fer était d'hier, il devait donner des courbes, des voûtes, des lignes que l'Antiquité ni le Moyen Age n'avaient connues.

Dans ces inoubliables pages simplement définies par leur auteur, «les Cahiers d'un Étudiant à l'Exposition de 1889», où Melchior de Vogüé découvrit à tant d'âmes curieuses, inquiètes, la signification de l'évolution matérielle à laquelle nous assistions, l'éloge du fer retentit comme la diane et nous réjouit comme une aurore. Beaucoup de nos impressions confuses semblaient le corroborer.

Comme les monuments les plus simples que nous devions à son emploi dans les usages utiles de la vie nous paraissaient infiniment moins laids que nos prétentions architecturales; comme la Galerie des machines de Paris ou l'*Ames Building* de Boston étaient moins offensants pour la vue que le casino de Monte-Carlo ou que le Trocadéro, nous en tirions tous cette conclusion que le fer possédait par lui-même quelque vertu de «beauté abstraite et algébrique», que, dans tous les cas, la «force du besoin» clairement manifestée était sans doute un principe de beauté.

C'était partir d'une observation très juste, mais incomplète pour en tirer une déduction très contestable. Car, s'il est assez difficile, en architecture comme ailleurs, de déterminer quel est le vrai principe de beauté, il ne l'est pas d'apercevoir qu'il ne tient ni dans la force de l'algèbre, ni dans la force du besoin. On n'a jamais observé qu'une chose fût belle par cela seul qu'elle était nécessaire. Ce qu'on a observé maintes fois, c'est qu'une chose née du besoin et neutre au point de vue esthétique devenait laide, quand on la parait d'un ornement né de la fantaisie. Ce n'est pas la force du besoin qui est un principe de beauté: c'est la faiblesse du superflu qui est une raison de laideur. Là où le besoin se manifeste seul, il n'y a le plus souvent ni laideur, ni beauté. Il y a une sorte de neutralité esthétique. De grands murs nus ou quadrillés de briques apparentes et criblés de fenêtres égales peuvent être tristes: ils ne sont pas irritants comme des façades de petits théâtres chargés de tous les désordres grecs ou de toutes les intempérances de l'Orient. On vivra tristement devant ces maisons simples, mais non dans la colère. Elles sont comme de longues plaines endormies sous les neiges, qu'aucun accident ne trouble, que nul ornement n'égaie. Mais elles ne sont pas de mauvais goût. Le mauvais goût ne se révèle qu'avec l'accident, l'ornement, la prétention architecturale. Le mauvais goût suppose l'exercice d'un goût. Le laid ne commence qu'avec la recherche du beau.

Quand vous passez devant un monument agressivement inesthétique, supprimez par la pensée tous les ornements inutiles à sa solidité et indépendants de sa fonction, redressez toutes les courbes que rien ne suggère, abattez toutes les moulures que rien ne nécessite et le monument cessera d'être laid. Mais il ne deviendra pas nécessairement beau. En supprimant l'inutile, en serrant de près la logique de la construction, vous aurez certainement ôté la laideur. Mais vous n'aurez pas nécessairement conféré la beauté.

Et, d'autre part, que de belles lignes monumentales ou décoratives ne sont pas logiques le moins du monde et ne satisfont nullement notre raison, mais seulement notre goût, notre instinct tout physique, et sensoriel d'harmonie, de souplesse et de vigueur! Que de chefs-d'œuvre où l'ornement n'est pas une mise en évidence de la structure interne, mais une dissimulation! Que de riches courbes qui ne sont pas dérivées des qualités spécifiques des matériaux employés, mais imitées de formes créées pour d'autres matières, en d'autres temps et sous d'autres cieux! Voici le *Baptistère* de Florence: la forme ronde et cintrée de sa structure interne est-elle révélée au dehors par une construction circulaire? Point du tout; les murs sont plats et la figure hexagone, en sorte qu'on croit entrer dans une salle rectangulaire, et on trouve une rotonde. Voici le *Saint-Marc* de Venise: l'ossature est-elle visible? Non, elle est dissimulée sous un revêtement éclatant de mosaïque à l'aspect de métal. Voici l'architecture arabe: les arcs, les ogives découpés à profusion ne nous laissent pas de doute. Nous voyons bien que le poids est rejeté tout entier sur les côtés.... C'est faux! Il repose sur les poutres horizontales demeurées invisibles. Prenons la colonne dorique. Faut-il blâmer la forme du fût renflée à mi-hauteur, parce qu'elle est inspirée de l'écrasement des faisceaux de cannes primitivement employés, ou n'est-elle pas un charme de plus? Faut-il blâmer les plus anciens monuments de l'Inde, parce qu'ils reproduisent en pierre les poutres et les balustrades de bois et en imitent jusqu'aux joints? Ou les meubles du Moyen Age et de la Renaissance, parce que le bois y reproduit les formes architectoniques de la pierre? Où est la logique en tout cela? où l'appropriation de la forme à la matière? où l'expression de la structure intime par l'ornement?

Que de beaux édifices, enfin, dont l'aspect ne révèle nullement la fonction! Et quand, d'aventure, l'un de ceux qui la révélaient ne remplit plus la fonction pour laquelle il fut conçu, cesse-t-il pour cela d'être beau? La façade de l'hôtel des Invalides est-elle devenue moins belle depuis qu'elle recouvre des comités techniques d'inventions à la place de l'hospice héroïque qu'elle était censée annoncer aux yeux? Le palais des papes d'Avignon est-il moins beau depuis qu'il ne contient plus de papes, les pyramides moins belles depuis qu'elles n'ont plus leurs morts? Qui a jamais compris, en les voyant, à quoi peuvent servir les gopuras ou les terrasses superposées de l'Inde, et qui a hésité à les admirer? Quand s'élève, à l'horizon ou dans la forêt, une belle harmonie de pierre, ou de bois, ou de métal, qu'importe qu'elle serve à une église ou à un hôpital, à une caserne ou à un château, à une forteresse ou à un concert? ce n'en est pas moins une belle harmonie. Dire que, pour être belle, une forme doit annoncer et exprimer la fonction qu'elle remplit, c'est énoncer une de ces propositions respectueusement admises par la critique contemporaine pour leur aspect rigoureux, mais que rien ne vérifie et qu'on se passe de main en main comme une pièce fausse, de confiance, faute de l'avoir jamais regardée.

Quand donc nous aurons établi que le fer est utile, qu'il est logique, qu'il est nouveau, qu'il est approprié à nos besoins et à notre état social, et qu'il révèle immédiatement au dehors sa structure interne, nous n'aurons pas montré qu'il conférera nécessairement à nos monuments quelque nouvelle beauté. Il faudra encore qu'il ait certaines qualités que la raison perçoit moins clairement peut-être, mais que le sentiment éprouve et que les yeux démêlent: la grâce, l'élégance des courbes, la sûre et facile harmonie des droites, le jeu des ombres sous les reliefs, le balancement des pleins et des vides, l'ordre qui repose la vue parce qu'il est facile à percevoir, et la variété qui la sollicite parce qu'elle lui offre des multitudes de sensations à éprouver.

CHAPITRE II
Le triomphe du fer: le Pont et son échec, la Maison.

Or, les éprouvons-nous? Non. Quand on fait l'apologie des monuments de fer, les motifs qu'on nous en donne sont surtout de raison raisonnante. On ne dit pas: ce monument est admirable parce qu'il plaît au sens obscur de l'ordre dans les formes matérielles et au goût de leur variété, de leurs tours et de leurs retours capricieux où l'harmonie se devine, mais se dissimule sous la complication, mais on dit: il faut de toute nécessité qu'il le soit, puisqu'il répond au temps où nous vivons et aux instincts du peuple que nous sommes.

Étrange postulat! Comme si toutes les fois qu'un peuple et qu'un temps avaient des besoins nouveaux, ils créaient nécessairement un beau style d'architecture pour les exprimer? Quoi de plus nouveau, de plus puissant et de plus *genuine* que la jeune civilisation américaine, et quoi de plus banal que ses palais,—château de Blois sur la face, Parthénon sur le revers,—qui empruntent à tous les styles et ne rendent pas, en intérêt, ce qu'ils ont emprunté? On a voulu faire un sort, en esthétique, aux «maisons hautes» des États-Unis comme aux premiers phares dressés pour éclairer les novateurs des deux mondes. Mais à les bien considérer, les styles de ces gigantesques «accroche-nuages» ne sont que des multiplications de styles déjà fort connus et fort anciens. Ce n'est point parce que le *Monadnock Building* entassera treize bow-windows les uns sur les autres qu'il aura réalisé un style de bow-window nouveau, ni parce que l'*Union Trust Company* de Missouri portera plus haut qu'aucun monument égyptien la «gorge égyptienne», qu'il aura en quelque manière enrichi ce mode de couronner un sommet. Ces maisons hautes romanes par leur porte, grecques par leurs colonnes, égyptiennes ou plus souvent gothiques par leur couronnement, sont tout ce qu'une maison peut être: hors américaines. Par leur masse compacte et solide, elles rappellent surtout les vieux monuments romans ou anglo-saxons de l'époque carolingienne, comme la tour d'Earl's Barton, par exemple, et rien n'est moins «nouveau-monde». Et en quoi l'arc de triomphe élevé en l'honneur de l'amiral Dewey sur la cinquième avenue diffère-t-il des arcs de Titus et de Constantin?

Pareillement, est-il un peuple plus particulier, plus puissamment original et depuis plus longtemps que les républiques Sud-Africaines, et les églises et les palais de Johannesburg ou de Pretoria diffèrent-ils de ceux de Londres ou de Chicago? L'exemple des Boërs défendant des palais à ordres grecs, et celui des Américains faisant passer leurs troupes victorieuses sous l'arc de triomphe de Constantin nous montrent assez que l'art ne suit pas nécessairement la marche d'une civilisation, et qu'à certaines époques il est plus facile de créer une patrie qu'un style ou de la défendre que de l'embellir.

Sans donc nous attarder aux postulats, jugeons donc le fait. Interrogeons l'impression produite chez nous tous, dans tous les pays, par les monuments de fer aperçus durant ces dernières années: aux expositions, dans les villes, dans la campagne, sur les fleuves. Comme nous nous sommes gardés soigneusement des suggestions intellectuelles, gardons-nous des préjugés d'une habitude de vision, et nous avouerons qu'on ne peut écarter, d'un mot, toute l'Esthétique du fer. Il y a tout un ordre de monuments où nous reconnaîtrons la Beauté. Elle est dans ces fermes admirables du pont Mirabeau ou du pont Alexandre III,—dans ces branches de fer qu'une main puissante a courbées d'une rive à l'autre pour donner passage à des peuples entiers en quête de merveilles.

Rien n'est plus nouveau, mais rien n'est plus heureux que cette substitution d'une fine trajectoire de fer au lourd et massif établissement des ponts anciens, que nous étions accoutumés d'admirer.

Rien n'a changé davantage dans l'architecture que l'aspect d'un pont. Mais rien n'a changé plus heureusement. Au temps où, dans les villes ceinturées par leurs remparts, les maisons se serraient, sans perdre un pouce de terrain, les unes contre les autres, comme un troupeau qui a peur, le pont de pierre était une rue qui se continuait sur l'eau. Mais, dans les temps modernes, les populations se desserrent, débordent leurs murailles et, les débordant, les renversent. Elles descendent des tours, elles font cercle autour de leurs monuments et laissent la nature renaître, çà et là, en de carrées oasis. Elles ont donc abandonné les ponts, qui ne sont plus qu'un lieu de passage. Les anciens étaient en pierre, comme les maisons construites sur leurs piles. Les nouveaux sont en fer, comme les trains qui filent sur leurs voies. Le pont était une ville, entre les deux villes; on y bâtissait des boutiques, on y édifiait des chapelles: on s'arrêtait pour y danser, pour y loger, pour y coucher, pour y prier, pour mourir. On y enfermait même les prisonniers et il n'est rien de plus banal dans l'histoire que l'exemple du pont des Soupirs. Aujourd'hui l'on n'entend plus trop parler de gens demeurant sur les ponts et, si la locution populaire «coucher sous les ponts» subsiste, ce n'est pas pour porter témoignage d'un goût contemporain, mais d'une fâcheuse nécessité.

L'aspect du pont ancien témoignait de ses fonctions diverses. Il ressemblait à la fois à une forteresse et à une rangée de navires: forteresse contre les hommes, navires contre les flots. Forteresse de si étroite ouverture, que, sur le pont Sublicius, un héros suffisait à la défendre contre une armée, forteresse munie de portes et de créneaux, comme on l'aperçoit encore au pont Nomentane, quand on va rêver dans la campagne romaine. Tellement forteresse et tel signe de puissance, qu'on représentait un pont dans les armes de certaines villes, comme dans celles de Cordoue. Navire contre les flots, chaque pile étant construite comme un bateau tournant son avant à l'amont de la rivière, portant parfois des figures, pour fendre la nappe d'eau contraire. Arrondi en aval comme une poupe, creusé de fenêtres des deux côtés comme une dunette, observatoire s'ouvrant d'un côté vers la source et de l'autre vers la mer—tel était le pont d'autrefois.

Aujourd'hui, la fonction d'un pont est simplement de relier deux rives l'une à l'autre. Aucun pont n'est tenu de faire plus que cela pour nous, mais aucun ne doit faire moins. C'est peu qu'il soit un beau monument, comme le pont ruiné de Saint-Bénézet sur le Rhône, s'il nous laisse à mi-traversée, à pic sur le fleuve. Il faut qu'il aille d'un bout à l'autre. Mais, d'ailleurs, il suffit que nous y puissions passer. Et, comme nous avons à passer vite, il est inutile qu'il porte sur son dos des maisons. Regardez le pont Mirabeau, le pont Alexandre III et comparez-les à l'ancien pont de pierres. L'ancien était un monument oblong qui barrait l'horizon, terminant une étendue d'eau. On eût dit une maison percée de gros caniveaux. On percevait sans doute dans les fondations quelques voûtes claires, par où passait le courant, mais l'ensemble du monument clôturait l'horizon d'eau et ne révélait rien de la venue empressée ou de la fuite majestueuse du fleuve.

Qui dira, si l'on s'en tient uniquement à l'impression des yeux, que le pont de fer n'est pas aussi beau? D'abord, il est plus léger. Certes on ne doit pas juger de la légèreté d'un monument par la seule considération de ses dimensions totales: une arche de 107 mètres n'est pas nécessairement plus svelte qu'une arche de 30, non plus qu'un dôme de 30 mètres n'est nécessairement plus imposant qu'un dôme de 15. Les qualités de légèreté ou de grandeur ne sont pas des qualités absolues, mais naissent des proportions relatives de l'édifice, parce qu'il n'y a pas entre les divers édifices du monde, même d'une ville, une commune échelle de grandeur. Seulement, il se trouve qu'ici il y a une échelle commune: la Seine, dont la largeur est sensiblement la même partout, et le pont qui la traverse d'un bond, comme un cheval, paraît nécessairement plus svelte que celui qui, à peu de distance, la traverse pas à pas comme un éléphant.

Ce n'est pas seulement là un triomphe pour l'ingénieur: c'est une joie pour l'artiste. Aucun des sept ponts dont la Rome impériale était si fière, peut-être aucun des cent douze ponts de toutes formes qui coupent la Tamise n'ont cette légèreté. Évoquez un instant le grand dessin tracé dans l'espace par les manieurs de fer, depuis le puissant mammouth du Forth, jusqu'à la suspension aérienne de Brooklyn, les merveilles de ces réseaux, depuis les consoles du Niagara jusqu'au double viaduc du Douro et aux Cantilevers d'Écosse. Voyez, d'une rive à l'autre d'un fleuve, les ingénieurs lancer un pont comme un train rigide, ou bien des profondeurs de l'abîme, se soulever un à un vers le ciel, comme attirés par un aimant invisible, des tronçons de métal qui, s'arrêtant tout à coup dans leur ascension pour se souder les uns aux autres, font apparaître entre les deux montagnes un arc-en-ciel de fer!... Et admirez qu'ici l'effort de la science, en diminuant la matière, ait servi la cause de l'art et que, loin d'opprimer ou de cacher la nature, il ait fait apparaître à nos yeux, tout en remplissant la même fonction utile qu'autrefois, plus de paysage, plus d'eau, plus de ciel.

On a donc trouvé le pont moderne en fer, mais ce n'est pas tout de passer: il faudrait demeurer. A-t-on trouvé la demeure moderne? Ici, quoi que proteste notre espérance, il faut bien que la franchise réponde: Non. L'impression naturelle, spontanée, constamment renouvelée de notre instinct esthétique à tous, nous dit qu'on n'a encore trouvé ni la maison, ni le palais, ni la tour de fer, ou que, si on les a trouvés, on n'en a point trouvé la Beauté. Elle nous dit aussi que les grandes prétentions architecturales du fer en 1889 ont paru déplaisantes et que quatorze années passées à les considérer n'ont guère réconcilié personne avec elles. Et enfin, que, depuis 1889, le mouvement en faveur du fer apparent semble arrêté net, et qu'à certains de ces monuments, on n'a encore trouvé ni leur emploi, ni même leur couleur.

Voilà l'impression. Que dira-t-on contre elle?

Qu'elle tient à une habitude de nos yeux qui ne retrouvent pas dans les minces supports de fer les conditions d'équilibre et de stabilité auxquelles ils étaient habitués? Et qu'«une longue éducation nouvelle du regard sera nécessaire, comme l'affirme M. Sully-Prudhomme, pour que la jouissance perdue soit recouvrée»? Sans doute, l'habitude est pour quelque chose dans nos impressions. A première vue, la forme pyramidale, qui est la forme stable par excellence, nous plaît mieux que son contraire et il est rare que nous aimions, si nous la trouvons, dans l'architecture, la forme de la pyramide renversée. Mais cette exigence de notre vue, due à l'habitude, est-elle inamovible? Non, car parfois la nature nous fournit la forme pyramidale renversée sans nous choquer. Dans les arbres, la partie la plus large se trouve suspendue sur la partie la plus grêle. Le tronc ne rétablit pas toujours par sa largeur à la base l'équilibre compromis par son faîte: le tronc du palmier, par exemple, diminue en s'approchant du sol et, de toute façon, nous apparaît comme une pyramide renversée. Pourtant, nous n'avons aucun doute sur sa stabilité. Non plus sur celle d'un homme, vu de face, debout, les pieds joints, la tête inclinée sur la poitrine, qui lui aussi repose sur une base grêle, eu égard à la largeur de son entablement. Dans l'architecture même, nous ne sommes pas inquiétés par le profil d'un chalet à encorbellements. Et qui de nous a jamais été choqué par le palais des Doges?

Ainsi donc, bien avant le fer, notre surprise de voir de frêles supports soutenir un immense appareil n'était pas telle qu'elle commandât impérativement notre goût. Quand, en 1889, ont surgi de terre les piliers de la galerie des Machines, nous ne nous sommes pas scandalisés parce qu'ils s'amincissaient en s'approchant du sol, comme des troncs de palmiers. Car nous ne mettions pas en doute leur stabilité.

Mais tandis que l'idée de solidité change selon que notre esprit est plus ou moins averti des conditions de cette solidité, l'impression d'élégance d'une ligne, elle, ne change guère. Et l'on aura beau nous dire qu'une voûte de verre est plus légère qu'une voûte de pierre, nos yeux la verront toujours plus lourde, plus massive et plus monotone dans sa convexité. Ce qui importe donc plus que toutes les notions purement intellectuelles, c'est l'impression esthétique en face d'une ligne ou d'une couleur, et quand nous repoussons, dans l'ensemble du monument vu du dehors, les calottes de verre, c'est-à-dire la matière la plus lourde à l'œil et la plus sombre qu'on puisse imaginer, et, dans le détail des poutres, les entretoises et les croisillons, les N et les croix de Saint-André, dont se compose l'ornementation architectonique du fer, ce n'est point une notion intellectuelle et qu'un raisonnement peut modifier, mais une impression purement sensorielle et qu'aucun raisonnement ne changera. Ce n'est point là une impression subtile d'érudit ou d'archéologue. C'est l'impression naturelle et spontanée du plus ignorant des hommes, qui a des yeux, qui les ouvre, non sur des livres, mais sur la nature, et qui aime mieux voir une amphore qu'une cloche à melon!

Contre cette impression que dit-on encore? Qu'elle est fausse parce qu'elle est nouvelle. Qu'elle passera avec l'habitude. Que tous les partisans d'un art établi l'éprouvèrent en face de l'art qui allait le remplacer et que nous sommes devant ces hautes carcasses de fer, comme les Grecs eussent été devant les barbares chefs-d'œuvre de l'art ogival. On ajoute que le fer n'est déplaisant que là où, abandonnant ses qualités propres et dissimulant sa nature pour simuler celle de la pierre, il emprunte à celle-ci son aspect décoratif, mais que s'il osait se déployer sans modèle, s'aventurer sans guide, s'affirmer sans peur, il trouverait de lui-même le caractère de beauté qui lui convient, et que, pour le trouver, l'architecte n'a qu'à suivre les suggestions de la matière nouvelle qu'il emploie et qu'à donner, comme caractéristiques aux palais nouveaux, les caractéristiques mêmes du fer? Que valent ces deux arguments?

CHAPITRE III
Pourquoi le fer permet tout et n'ordonne rien.

Tout d'abord, est-il vrai que la révolution apportée par le fer dans les formes constructives est de la même nature et d'une nature aussi importante que celle apportée par l'ogive et l'ensemble des nervures succédant au plein cintre ou bien par le plein cintre succédant au linteau? Ensuite peut-on comparer le remplacement de la pierre par le fer à celui du bois par la pierre? Enfin, y a-t-il dans toute l'histoire des révolutions de l'architecture quelque chose de comparable à celle-ci, qui nous permette de dire: les anciennes furent des sources de vie, la dernière doit en être une nouvelle et pour les mêmes raisons.

Or c'est très douteux.—Réduite à ses termes les plus simples, l'architecture est l'art d'abord de cacher le ciel et la terre, le ciel par le toit, la terre par les murs, et cela, non pour les cacher, mais pour se préserver de leurs intempéries. Ensuite, une fois que le plus nécessaire est fait, l'architecture est l'art de laisser apercevoir au dedans le plus de choses possible de la terre et du ciel, par les fenêtres ou par l'atrium. Ainsi, avant tout, l'architecture est un toit et un mur: après seulement, c'est une fenêtre. Le progrès des temps a été de donner à cette fenêtre, sans nuire à la solidité du reste, le plus d'ouverture et le plus d'agrément possible. Ç'a été aussi d'étendre ce trou et d'élargir ces murs, de façon que, sans empêcher qu'ils protègent, on oublie qu'ils emprisonnent. Mais si grand que fût ce progrès, il ne parvenait pas et il ne serait jamais parvenu, avec les matériaux anciens, à renverser absolument la proportion des pleins et des vides. Si hardis que fussent les arceaux gothiques dans leurs ascensions, et si envahissantes que fussent les rosaces dans leur floraison, ce qui donnait son caractère à l'édifice, c'était encore le toit opaque et les parois pleines. Sur elles et en elles, toute l'ornementation reposait et s'accumulait. Or, dans son dernier état, réduite à des fils de fer et à des lames de verre, l'architecture ne nous cache plus rien. De la galerie des Machines au palais du Génie civil, des palais de l'Horticulture aux halls des chemins de fer, c'est la leçon inscrite sur tous ces fers à T. Le fer est un support, ce n'est pas une surface.

De là, plusieurs grandes conséquences.

Avec la pierre, tout l'effort de l'artiste tend à évider sans détruire: avec le fer, à remplir sans incommoder. Avec la pierre, toute son industrie consiste à pratiquer des vides pour plaire à l'œil sans nuire à la stabilité: avec le fer, à construire des pleins pour plaire à l'œil et qui sont inutiles. Autrefois, on faisait des pleins par nécessité et des vides par élégance. Aujourd'hui, on fait des vides par nécessité et des pleins par élégance. En sorte qu'on peut bien parler d'«Architecture de fer», mais, si l'on admet cette définition que les pleins sont les parties essentielles de l'architecture, il faut avouer que le fer fait bien mieux que de modifier l'architecture: il la supprime. Il ne laisse plus que les vides. On peut assurément remplir ces vides avec de la pierre, de la brique, et peut-être avec du céramo-cristal ou de la terre cuite. Mais alors, ce n'est plus de l'architecture de fer. Réduit à sa matière nécessaire et apparente, le fer, en supprimant l'obstacle à la vue, supprime l'objet de la vue, c'est-à-dire apparemment quelque chose de considérable en esthétique.

C'est la dernière évolution de cet art autrefois si riche, si touffu, si fleuri. La voûte, semblable à celle d'une forêt, parvenue à l'hiver de l'architecture, laisse tomber ses feuilles. Les caissons, les moulures de la Renaissance sont tombés: tombées les floraisons du Moyen Age, tombés les amours, les carquois, les babioles mythologiques du rococo, l'âge des choses recroquevillées comme des feuilles mortes. Aujourd'hui, de ces forêts vivantes, il ne reste plus que les branches toutes nues: les branches du fer se profilant seules sur le ciel lumineux et changeant.

Aussi ne peut-on pas dire que, dans la substitution du fer à la pierre, il n'y ait qu'une révolution semblable à la substitution de l'ogive au plein cintre ou de la pierre au bois. Il y a, à la fois, plus et moins.

Il y a plus, car, avec les anciens matériaux, les supports comme les frises étaient de la même famille. Dans la pierre, tous ces matériaux—os, muscles et peau—sont même substance. Dans la maison de fer, les os seuls sont de la même substance. Or, il faut au monument autre chose que des os: il faut des muscles, il faut un épiderme. A ce moment-là donc, dès que l'ossature est terminée, il faut, de toute nécessité, changer de matière, ce qu'il ne fallait pas nécessairement avec la pierre ou le bois. Admirable pour supporter quelque chose d'autre que lui-même, le fer ne peut recouvrir ce qu'il protège. C'est un bras, le plus fort de tous les bras, ce n'est pas un corps organisé. La nature, qui construit les montagnes,—ses monuments à elle,—en pierre et les décorations superficielles de ses montagnes en bois, ne construit pas avec du fer. Elle contient le fer ou la matière du fer, mais comme une armature profonde et cachée.

Mais que le fer ne soit pas «monumental», au sens que nous donnions autrefois à ce mot, qu'importe, s'il est esthétique? Et que la révolution qu'il annonce soit plus grande que toutes celles que l'architecture a déjà vues, qu'importe, si elle est féconde? Telle est la pensée des novateurs. Et ils se félicitent de voir le nouveau venu bouleverser si fort les habitudes de l'ancienne architecture, comme d'un gage évident d'une plus complète rénovation. Car le mal de notre art, disent-ils, est précisément dans cet attachement aux anciennes formules. Il est dans cet entêtement à vouloir faire dire au fer ce qu'il n'est pas fait pour exprimer et à repousser, comme trop inattendu, ce que naturellement il exprime. Saisissons, au contraire, l'enseignement qu'il nous donne. Conformons-nous à sa nature, suivons sa direction. Modelons nos conceptions d'après ses propriétés nouvelles, et dérivons les formes monumentales nouvelles de son emploi judicieux.

Mais, ici, nous allons trouver que la révolution produite par l'emploi du fer, si elle est immense au point de vue des services rendus, est beaucoup moins importante au point de vue des formes ou des lignes accusées. Et que le fer, bien loin qu'il bouleverse trop ces formes ou ces lignes, ne les bouleverse point assez pour les rénover et qu'il prend de lui-même, d'après le calcul des forces et la rigueur des courbes ou des angles qu'il indique, les mêmes courbes que donnait la pierre. Il suffit, pour s'en assurer, d'aller avenue de La Bourdonnais et d'entrer dans la galerie des Machines. Voici une voûte qui couvre 48 000 mètres carrés, portée par des fermes de 115 mètres, sans une colonne, sans un tirant. C'est là plus qu'un monument: c'est une voûte céleste sous laquelle on peut édifier cent monuments et, de fait, en 1900, nous y avons vu les toits de toute une ville. Certes, ni la substitution de l'ogive au plein cintre, ni la substitution du plein cintre au linteau, n'ont donné au constructeur une puissance aussi formidable. Bien. Maintenant, considérez la forme de cette voûte, de ces fermes, où l'architecte n'a voulu imiter aucune forme ancienne, mais a suivi simplement les indications du calcul. Il vous semble bien que vous l'avez déjà vue: c'est l'*ogive surbaissée*. Elle est, sans doute, gigantesque. C'est la plus grande ogive surbaissée qu'on ait jamais dessinée. Mais le chiffre ne fait rien à l'affaire et une forme n'est point nouvelle pour être tracée sur une échelle plus grande que par le passé. Rappelez-vous, maintenant, ou considérez toutes les courbes nécessitées, fournies naturellement, sans désir d'esthétique et sans prétention à reproduire ni à inventer, par les auteurs des principaux monuments de fer: le palais des Arts libéraux en 1889, et celui du Génie civil en 1900; le pavillon de la République du Chili en 1889, les palais de l'Exposition de Chicago, l'église de la Trinité, la bibliothèque Nationale et la bibliothèque Sainte-Geneviève, la gare Saint-Pancrace à Londres, le hall de l'hôtel Terminus à Paris, la gare de Cologne, et vous verrez que, dans toutes ces courbes que donne le fer pour soutenir un toit,—ce qui est la principale fonction et le nœud de toute architecture,—on retrouve:

L'ogive surbaissée,
L'arc en anse de panier,
L'arc bombé,
Le plein cintre brisé,

  toutes formes que la pierre a fortement exprimées depuis des centaines d'années,—ou bien le fronton à arbalétriers droits qui répète exactement le dessin fourni par les poutres de bois dans les plus humbles maisons de nos villages et dans les plus anciennes *Adorations des bergers* de nos musées.

Quelle est donc cette nature «nouvelle», qu'on affirme qu'il faut respecter, et quel est cet enseignement essentiel qu'on prétend qu'il faut suivre? Il est bientôt dit que le fer ne doit pas imiter la pierre, mais ce qu'on devrait nous indiquer, c'est ce qu'il nous suggère au point de vue des formes, qui ne soit contenu dans la pierre et qu'elle ne signifie pas mieux que lui? Il est bientôt dit qu'il faut accepter franchement les formes nouvelles qu'il nécessite, mais ce qu'on ne nous dit pas, c'est ce qu'il nécessite de formes nouvelles, car nous avons bien vu ce que le fer *supprime* d'une construction, mais non pas ce qu'il *y apporte*; et enfin, c'est une opinion à laquelle nous souscrivons volontiers, que, pour dégager sa beauté, il faut laisser agir librement sa nature, mais, encore un coup, que fait sa nature, quand on la laisse agir librement?

Or, il le faut avouer: elle ne fait rien, car le fer n'a pas de nature, ou plutôt sa caractéristique même, ou, si l'on veut, sa nature, c'est précisément de n'en point avoir! Oh! ce n'est point qu'il oppose à l'artiste plus d'obstacles que la pierre! C'est précisément l'inverse! Avec le fer, l'artiste modèle son monument sur la forme qu'il veut, car le plus résistant des matériaux est aussi le plus souple. Il peut bâtir un hall avec plus de colonnes qu'une forêt n'a de fûts, une basilique avec autant de coupoles qu'une framboise a de graines: Zara ou Sainte-Sophie ne sont qu'un jeu pour lui. Sous ses doigts le fer se tresse comme, sous les doigts du vannier, la paille. Quand on voit les charpentes des maisons métalliques, on songe aux *lento... alvearia vimine texta*, que décrit le poète. Et, en effet, ce sont bien des ruches et des corbeilles renversées qui semblent posées sur les bords de la Seine, dans les palais de l'Horticulture et de l'Arboriculture, des nasses d'osier tirées hors de l'eau sur les bords du fleuve, où elles paraissent guetter un poisson monstrueux.

Le fer peut se prêter à plus de fantaisies encore. Avec lui et avec les autres progrès qu'il rend possibles, n'importe qui peut, n'importe où, bâtir n'importe quoi. Il triomphe donc de toutes les lois historiques de l'architecture et les renverse.

Longtemps l'architecture, comme la plante, naissait du sol et s'accommodait au ciel du pays où on l'avait conçue. Le ciel influait et pesait sur la forme de ses toits, pendant que, de la terre qui en fournissait les matériaux, jaillissaient ses murs. Ainsi, la nature du sol en dictait jusqu'à un certain point la forme et l'ornementation. La possession du [Greek: leukos lithos] par les Grecs fut la première condition de leur art; de même, l'existence des carrières de marbre coloré, près de Vérone, et de marbre blanc et de serpentine verte, entre Pise et Gênes, a influencé toute l'architecture gothique dans le nord de l'Italie, comme l'argile de la terre d'Iran est la condition première des admirables terres cuites des monuments de Susiane. Le *quid quæque ferat regio et quid quæque recuset* de Virgile était, jadis, une formule aussi juste en architecture qu'en agronomie.

Aujourd'hui, tout est changé. Déjà, le toit a perdu son caractère indicatif du climat. Dans toutes les villes modernes de toutes les régions du globe, il se réduit et s'égalise selon la coupe uniforme des *brisis*. Et le mur ne naît plus de la terre, ne reproduit plus les carrières de sa région, du jour où le fer, qui est quasi le même partout, l'a remplacé.

Plus puissant que le tailleur de pierre sur ce point, le manieur de fer l'est encore sur d'autres. La lutte entre la pesanteur et la résistance, qui constitue, comme l'a très bien vu Schopenhauer, l'intérêt esthétique de la belle architecture, n'est pour lui qu'un jeu.

Seulement, s'il est vrai que la tâche de l'artiste soit de faire ressortir cette lutte d'une manière complexe et parfaitement claire, plus le jeu est facile pour lui, et plus l'expression d'un effort qu'il ne fait pas lui est malaisée. A mesure que l'acier se perfectionne, sa propriété ou sa faculté et, par conséquent, la tendance logique de son employeur est de réduire de plus en plus les formes de la construction. Non qu'on puisse amincir indéfiniment les fermes d'un édifice. Il est un point au delà duquel un support ne peut plus être réduit, de quelque matière perfectionnée qu'on l'imagine, car il ne se supporterait plus lui-même. Mais parce qu'aujourd'hui, avec des fermes de même épaisseur qu'autrefois, mais de meilleur acier et de plus d'homogénéité, on peut allonger davantage des courbes, recouvrir des espaces beaucoup plus grands: l'épaisseur n'augmentant pas quand la portée s'étend, cela équivaut, pour l'œil, en somme, à réduire l'aspect de la construction. Toute la nature du fer consiste donc à accuser moins les formes qu'accusait la pierre, sans en accuser de nouvelles que la pierre n'accusait pas. Il remplit la même fonction que la pierre, mais il ne montre pas aux yeux qu'il la remplit. Pour qu'on l'aperçoive, pour qu'on distingue où porte l'effort, l'architecte est obligé d'exagérer, artificiellement et sans nécessité, les dimensions. Il faut qu'il renfle le dessin de sa ferme là où elle a le principal poids visible à soutenir, et qu'il marque, par quelque ornement voulu, le point où se trouve la rotule. Mais ni ce renflement, ni cet ornement ne sont indiqués par le fer, comme l'importance et l'ornementation de la clef de voûte, par exemple, l'étaient par la pierre. L'architecte les choisit à sa guise. Le fer ne lui dicte rien, parce qu'il n'oblige par lui-même à aucun style particulier de construction. Il peut les reproduire tous et il n'en produit spécialement aucun. Il a le défaut des esprits assimilateurs à l'excès: il n'est pas créateur. C'est le Protée des matériaux. Admirable pour supporter quelque chose d'autre, il ne se manifeste point aux yeux par lui-même. Précisément parce qu'il *permet* tout, il n'*ordonne* rien.

Et pourquoi le fer n'a-t-il pas de caractères esthétiques à lui? Pourquoi n'a-t-il pas de nature? Nous touchons à la raison et à la cause profondes qui distinguent le fer de tous les matériaux employés jusqu'ici. Ceux-là étaient naturels; celui-ci est artificiel.

La pierre, comme le bois, est une matière directement tirée de la nature. L'architecte peut en changer la forme, non la substance. Il peut poser la pierre en «délit»; il peut la polir; il peut l'évider. Mais la même âme continue d'habiter cette matière et de lui donner sa vie: âme formée lentement, avant les premières âmes humaines. Le fer, lui, est formé d'hier. Il est une transformation faite sous la main de l'homme. Il est un mélange de minerais divers, tirés de diverses régions. Il a été fondu, coulé, converti, laminé. Il ne tient plus à la nature. Le fil qui le reliait à elle est coupé. Il lui est devenu étranger. Vous ne pouvez plus compter sur les forces et les beautés naturelles pour l'animer encore. Il n'y a plus, dans le fer, les nœuds du bois, qui sont des obstacles, ni la direction des fibres, qui sont des entraves, mais qui sont des guides. Ici, tout est égal, tout est uniforme, docile, prêt à prendre n'importe quelle figure. Rien n'indique une figure plutôt qu'une autre, rien ne la suggère, rien ne l'appelle, rien ne la fuit. C'est à la fois le triomphe du progrès scientifique et son châtiment. Car, en même temps que vous avez dominé les résistances de la nature, vous avez perdu son enseignement. En art, comme ailleurs, on ne s'appuie que sur ce qui résiste.

Oh! sans doute, maintes fois dans l'Art, on s'est servi de matériaux qui n'avaient point de nature propre plus que le fer: la brique ou le stuc, par exemple, et l'on a fait des chefs-d'œuvre. Mais des chefs-d'œuvre de fantaisie et non de logique. Jamais on ne leur a demandé de dicter des formes «spécifiques», et bien au contraire ce sont les formes les plus artificielles issues de l'imagination humaine qu'on leur a imposées. Et les dentelles ou les «nids d'abeilles» de l'architecture arabe, pour ne citer qu'un exemple, sont les choses les moins logiques du monde, puisque, sous des poutres horizontales, on a dessiné des arcs fictifs qui n'ont rien à porter, puisque la voûte et l'arcade qui semblent les soutenir ne sont que des superfluités ornementales, des mensonges architecturaux, dérivés de matières toutes différentes: l'ogive inspirée de la pierre et les dentelures, du bois, et qu'enfin, l'artiste a joué de la matière malléable qu'il maniait sans aucun souci de la nature particulière de cette matière et n'écoutant que sa fantaisie!

Puis donc que vous ne pouvez plus compter sur les forces et les beautés naturelles du fer pour l'animer encore—et la preuve, c'est que les ruines du fer ne sont que des détritus, quand les ruines de la pierre—regardez les gravures de Piranese—sont encore des monuments,—c'est à vous de lui donner une âme en échange de l'âme naturelle qu'il a perdue. Il faut, puisque toute sa substance a été formée par l'homme, que l'homme aussi se charge de sa beauté. Vous astreindre ou vous restreindre aux formes strictement nécessitées par le calcul des forces, c'est retourner aux formes de la pierre ou bien vous résigner à ne plus montrer de formes du tout! Vous borner à l'utile pouvait être bon avec les matières anciennes: avec la nouvelle, vous devez viser au superflu. Que seraient les admirables grilles de Jean Lamour, s'il s'était laissé conduire par la logique? Avec le fer, il n'y a de salut que dans l'exubérance, dans la végétation même parasite, même folle, que dans la richesse! Pourquoi ne pas quadrupler, par exemple, les pieds-droits qui supportent les arbalétriers, les évider davantage et en multiplier les lignes ornementales sur quatre faces plates, mais ajourées; pourquoi ne pas suspendre des dentelles et des forêts de fer aux voûtes. Pourquoi ne pas déployer les fleurs et les feuilles, les branches et les rameaux qu'on ne pouvait projeter au loin avec la pierre ni, sur une grande dimension, avec le bois? Pourquoi, en un mot, quand on manie du fer ne pas tenter de la *ferronnerie*? Que les artistes saisissent donc l'outil géant et qu'ils le plient à la colossale besogne! Qu'ils rêvent et qu'ils osent! Mais qu'ils ne comptent donc pas sur sa «logique». Qu'ils ne comptent que sur leur propre enthousiasme. Si les poutrelles, les mailles, les treillis, les entretoises de fer ne sont qu'une ossature, si ce n'est qu'une pile d'ossements inertes, c'est l'artiste qui doit dire, comme Ézéchiel dans le cantique fameux: «Je vais envoyer un esprit en vous, et vous vivrez. J'étendrai sur vous des nerfs, j'y formerai des chairs et des muscles, je les revêtirai de peau, je vous donnerai un esprit, et vous vivrez. Esprits, accourez des quatre points de l'horizon, soufflez sur ces morts, et faites qu'ils revivent!...»

DEUXIÈME PARTIE
LE BILAN DE L'IMPRESSIONNISME

LE BILAN DE L'IMPRESSIONNISME

L'Impressionnisme a déposé son bilan. Vous le trouverez, au Luxembourg, dans la salle Caillebotte. Il a aussi figuré à l'Exposition de 1900, et dans les multiples occasions où M. Durand-Ruel rassembla, pour notre édification, des meules mémorables et de surprenantes cathédrales.

Plusieurs musées étrangers, à Berlin, à Amsterdam, en contiennent des morceaux, des chapitres ou des justifications, et des collections particulières réunissent assez d'œuvres des maîtres impressionnistes pour qu'on puisse porter maintenant un jugement précis sur ce mouvement d'art contemporain.

Ce serait une injustice de juger tout l'impressionnisme par quelques exemples, si bien choisis soient-ils. Mais c'est peut-être une injustice aussi que de laisser plus longtemps les partisans de cette École couvrir de mépris les maîtres d'hier, sans nous aviser de regarder ce qu'à leur tour ils ont produit et sans nous demander si ce mouvement, qui fit tant de bruit, a fait aussi quelque besogne. C'est notre droit de ne plus permettre, après trente ans écoulés, que l'Impressionnisme se borne, pour affirmer son existence, à montrer les défaillances des Écoles anciennes, et, pour élever son monument, à entreprendre des démolitions.... C'est pourquoi, sans le juger uniquement d'après la salle Caillebotte, mais en y prenant la plupart de nos exemples, nous allons rechercher ce que ce mouvement a produit: quel fut son point de départ et quel est son point d'arrivée, si ce fut une fantaisie et une gageure de quelque ambitieux, ou, au contraire, s'il répondait à un ensemble de conditions nouvelles du pittoresque dans la nature et dans la vie, si ce fut un mouvement méprisable ou un effort vaillant, si cet effort a conduit à un succès ou à un avortement, s'il a réussi, à quoi? et s'il a avorté, pourquoi?—en un mot, à dresser son bilan.

CHAPITRE I
Ses causes.

Lorsqu'un matin de 1877 éclata, rue Lepeletier, la première grande révolte impressionniste, ce fut, dans le public, un éclat de rire, mêlé de cris d'horreur. On avait vu, çà et là, des tentatives collectives de ces révolutionnaires et l'on en avait déjà discuté, mais ils ne s'étaient pas révélés encore avec cet ensemble, cette audace et cette discipline qui, d'une foule, faisait une armée. Les vieux peintres, eux, ne riaient pas. Beaucoup considéraient ce spectacle, avec le désespoir morne, l'abattement profond qu'ont les patriciens romains devant leurs villas envahies par les Huns, dans le tableau de M. Rochegrosse. Que va-t-il advenir, se disaient-ils, des meubles précieux qui ornaient nos paysages académiques, des couleurs délicates qui les embellissaient, de la vie douce qui s'écoulait sous les arbres de M. Paul Flandrin, dans la compagnie des pasteurs de M. Gérome? Quelques-uns, aussi vieux, mais plus sages, considéraient ces paysages inconnus, l'un après l'autre, avec d'obscures velléités de voyage et d'émancipation, comme on se figure les Espagnols du XVIe siècle regardant les vélins que déployaient devant leurs yeux les Juan de la Cosa et les Hojeda, révélation d'un autre hémisphère, terres nouvelles, terres de soleil et d'or.... Mais la plupart de ceux qui visitèrent cette exposition n'y virent qu'une gageure d'artistes affamés de bruit et qu'une fantaisie de jeunes gens pressés de se divertir aux dépens de l'Institut.

Ce n'était cependant pas une gageure. Rien, au contraire, de plus logique, rien de mieux préparé, presque rien de plus inévitable que cette apparente fantaisie. C'était en réalité une réaction et—en dépit des sujets qui cachaient son sens profond—c'était une réaction idéaliste. Elle était amenée par deux choses: par le désir de peindre la vie moderne et par l'impossibilité d'en faire une représentation réaliste. Elle naissait forcément des conditions pittoresques nouvelles de la nature telle que nous l'avons déformée. Elle s'alliait par d'obscures affinités aux tendances analytiques de l'esprit contemporain et répondait fort exactement, quoique inconsciemment, aux nouvelles conceptions panthéistes. Ce serait une profonde injustice que de comparer ces chercheurs à aucun de ceux qui, depuis, se sont disputé le succès d'une saison: les symbolistes, les «inquiets», les rose-croix ou les «peintres de l'âme», c'est-à-dire proprement de rien. L'Impressionnisme apportait aux artistes épris de réalisme et de modernité le seul moyen d'idéaliser ce réalisme et de sauver cette modernité.

En effet, l'idée qui dominait toute la critique, il y a trente ans, à l'époque du réalisme, était que l'artiste devait «peindre son temps». Notre temps, disait-on, est aussi digne d'être représenté par l'art que celui des héros et des dieux. Il n'offre pas des spectacles moins intéressants, ni des formes moins belles. D'ailleurs, il n'y a pas de formes belles en soi: il n'y a que des formes plus ou moins révélatrices de la vie, de la civilisation, du caractère, de la pensée. Si nous trouvons plus beau le peplum que la redingote et plus pittoresque le lampion que le haut de forme, c'est habitude des yeux et mirage du passé. L'usine vaut le temple, l'habit vaut le pourpoint, et la locomotive, le cheval de Phidias. Il n'y a pas de hiérarchie dans les «sites». A quoi bon faire le voyage d'Italie, même de Bretagne? «Pourquoi ces peuples?» Le beau est à nos portes: Chatou, Ville-d'Avray, Clamart, valent tous les horizons de l'Oberland ou de Taormine. Il n'est même pas besoin d'aller si loin: les fortifications, la banlieue, les couches, les gazomètres, un train de ceinture qui passe, un chiffonnier qui songe en son gîte, un «petit bourgeois qui peint sa porte en vert». Voilà ce que l'art vraiment vivant doit représenter.

Les artistes ont écouté ces théories. Ils sont allés regarder les couches, le train qui passait, le petit bourgeois qui peignait sa porte en vert,—et ils les ont trouvés fort laids. Mais tout enflammés par les suggestions de la littérature, ils ont proclamé que c'étaient là des sujets très sortables, et qu'il fallait dorénavant s'y dévouer. Seulement, comme ils étaient réellement artistes, voici que, tout en peignant ces formes, ils se sont mis en devoir de les transformer entièrement.

A la vérité, la transformation n'était pas facile.

Puisqu'on ne voulait plus ni composition, ni arrangement, ni symboles, ni «stylisation», puisqu'il fallait que l'art représentât des choses laides en soi, des lignes monotones ou prétentieuses, comment modifier l'aspect absurde et le décor trivial? Un seul moyen restait aux réalistes pour s'évader du laid réel: la couleur.

La couleur, en effet, demeure dans le décor de la vie moderne aussi belle, aussi variée, aussi riche d'effets qu'aux plus grandes époques du passé. Le paysage d'aujourd'hui est aussi coloré que celui d'autrefois. Il l'est peut-être davantage, car l'industrialisme et le progrès, qui ont détruit tant de belles lignes dans nos campagnes, ont rarement supprimé de belles couleurs. Le plus souvent, au contraire, ils ont ajouté à la variété des teintes. Si vous observez, dans la nature, quelque paysage poussinesque, dont les maisons, les vide-bouteilles, les usines, un pont, un tramway, sont venus détruire l'harmonie linéaire, vous trouverez toujours que ces nouveautés ont accru la variété et l'éclat de son harmonie coloriste: les rouges des tuiles, les noirs fins des ardoises, les jaunes frais de la terre fraîchement relevée en talus ou les sections saignantes des terres rougeâtres, les verts beaucoup plus riches et plus variés des cultures maraîchères succédant à la monotonie de la grande culture, les blancs crus des viaducs neufs, les dos noirs des usines et même les tremblantes colonnes de leurs grises fumées, ajoutent à un paysage dévasté par l'industrialisme des colorations gaies que ce paysage, sans lui, n'aurait pas connues. Quand le peintre du moyen âge s'en allait à la campagne, il trouvait de plus belles ordonnances de lignes que nous, mais non pas autant de couleurs. Il n'apercevait, parmi le vert toujours semblable du même arbre, ni assurément les plantes exotiques et d'agrément qui égayent nos jardins, ni même une foule d'arbres comme le vernis du Japon, l'acacia, le platane, le marronnier ou le mûrier, qui font partie intégrante de nos paysages modernes. La maison de chaume, qu'on voit encore dans les paysanneries des Le Nain, était moins colorée que la ferme couverte de tuiles que peint M. Sisley. En mer, une bouée rouge avive un vert glauque d'eau. Il n'est pas jusqu'aux affiches, aux écriteaux de couleur crue, dont la réclame gâte les lignes de nos paysages qui, vus de loin, ne fournissent des touches piquantes pour relever la monotonie des verts. Plus la civilisation s'empare d'un coin de la nature, plus elle le colore. La campagne du XVIIe siècle était monochrome comme une botte de foin; celle du XXe siècle sera variée comme un bouquet de fleurs....

Dans nos villes, le phénomène est moins évident. Tant que dure le jour, nos rues, attristées par la foule noire des peuples modernes toujours en deuil, ne fournissent pas au peintre plus de couleurs que les rues bariolées de jadis. Mais quand vient la nuit, éclate une floraison inconnue de nos pères. Quand, un soir d'hiver, avec la pluie, on passe sur la place du Carrousel, on voit une orgie de diverses lumières se traîner et s'éparpiller dans l'eau où se mêle le sang des lanternes d'omnibus, qui éclabousse le pavé, l'or des becs de gaz, qui se liquéfie dans les flaques, la neige des lampes électriques qui fond et se dilue sur toute la surface humide, les vers luisants des fiacres, qui sautillent de flaque en flaque, et sous cette clarté fade, les carapaces des coupés vernis qui font reluire, çà et là, des arêtes d'argent. La nature et la vie de nos cités pouvaient donc servir de thème à de vrais artistes, pourvu qu'en dissimulant la ligne, ils exaspérassent la couleur.

C'est ce qu'ont fait les impressionnistes. Ils ont bien représenté, selon la formule réaliste, les spectacles de la vie moderne, mais en les éclaboussant de tant de couleur, qu'on ne les reconnaît plus. Quand la nature était laide, ils ont tâché de la dissimuler à l'aide de la nature même. Ils ont demandé au soleil d'effacer les lignes disgracieuses, comme autrefois on l'aurait demandé à l'ombre. Et quant à notre vêtement noir, uniforme, aux inexplicables élytres, quant à ce chapeau que Mallarmé appelait «quelque chose de sombre et surnaturel», les impressionnistes les ont bien représentés, puisqu'il était entendu que toute forme est également noble et toute couleur également plaisante, mais ils les ont mis sous un soleil si ardent avec M. Renoir ou à de si fantasques clartés de rampe et de herse, avec M. Degas, que l'habit tout violacé de coups de soleil, le chapeau tout cabossé de reflets artificiels, ne conservent plus ni leur ingrate forme primitive, ni leur monotone couleur.

Ce point a été très clairement aperçu par M. Henry Naegely, tandis qu'il burinait la grande figure de Millet d'un trait plus profond et plus sûr que les sculpteurs du monument de Barbizon: «Sans doute, dit-il, une nouvelle et très intéressante perception des effets du rayon solaire est le trait le plus frappant de la peinture moderne, perception basée sur l'observation, mais basée, je crois, plus encore sur le désir inné, violent, quoique seulement à demi conscient, de donner quelque splendeur légitime aux choses sordides et vulgaires qui nous entourent aujourd'hui...» Parmi ces choses, est la locomotive dont on nous avait dit, en prose et en vers, qu'il n'y avait pas de raison pour qu'elle fût exclue de l'art, car elle représentait la civilisation en marche. Et, en effet, il n'y avait pas d'autre raison que celle-ci,—qu'elle était inesthétique. Les impressionnistes se sont attaqués à ce problème et l'ont résolu de la façon la plus simple. Sous prétexte de mieux montrer les lumières reflétées par le monstre, ils ont caché le monstre.

Déjà Turner, dans son fameux *Grand chemin de fer de l'Ouest*, avait trouvé ce moyen de faire entrer dans l'art les formes de l'industrie moderne. Les impressionnistes l'ont suivi. Il n'est besoin que de voir à la salle Caillebotte, au Luxembourg, la *Gare Saint-Lazare* de M. Monet ou son *Pont de l'Europe*, pour constater cette loi. Pas une ligne n'est ici visible, pas un engin industriel n'y est représenté dans sa forme. Tout n'y est que couleurs, sous un soleil éblouissant qui les surexcite, sous des fumées qui les mélangent et dans un mouvement qui les fait vibrer. Les tirants des combles de la gare sont d'or, les locomotives de saphir, les wagons d'émeraude. En sorte que la théorie moderniste voulant que toute forme moderne soit esthétique, du moment qu'elle reproduit les besoins et les aspirations de la vie, s'est réduite pratiquement à cacher cette forme sous d'éclatantes couleurs. Et après avoir démontré, par de beaux syllogismes, qu'une gare de chemin de fer était aussi digne d'être représentée que les ruines de Tivoli ou que le temple de Vesta, les modernistes n'en ont pu faire un beau tableau qu'à la condition d'en brouiller toutes les lignes sous des flots d'une vapeur lumineuse, qui, elle, n'a rien de plus moderne que le soleil lui-même d'où elle tire toute sa beauté.

De là, leur nom d'impressionnistes. Ils le prirent, dit-on, pour relever une injure qui leur était adressée par leurs détracteurs et dont ils se firent leur titre de gloire, comme les révoltés des Pays-Bas s'en firent un de l'injure de «gueux». On la leur jeta comme une pierre: ils s'en parèrent comme d'un joyau. Il se peut que cette histoire soit vraie, mais elle n'est nullement indicative de leur rôle. Si ces peintres méritent le nom d'impressionnistes, c'est, qu'en effet, ce qu'ils cherchèrent à reproduire de la nature c'était non pas la substance qu'elle annonce, mais le rayonnement. Ils ne prétendaient qu'aux qualités que donne la vision juste, mais hâtive d'un effet éclatant, mais fugitif. Ils ne se chargeaient point de nous fournir tout le détail, tout l'agencement, toute la raison d'être des choses, mais seulement l'«impression».

Par là, ils se réservaient un avantage que connaissent bien tous ceux qui ont fait des études d'après nature et qui, ensuite, ont voulu les transformer en tableaux. Ce que l'analyse de l'atelier n'arrive pas à débrouiller, la hâte de la pochade le synthétise; ce que le souvenir ne fournit plus, la couleur prise sur le vif, devant la nature, le donne. L'«Impression» est une admirable metteuse en scène et ce n'est pas sans raison que Delacroix dans son *Journal*, en 1859, Champrosay, 9 janvier, se promettait de réfléchir: «*Sur la difficulté de conserver l'impression du croquis définitif...*».

Inspirés par une idée juste de leur époque, inconsciemment pénétrés du désir de l'idéaliser, servis par des organes très pénétrants et très sensibles, enfin munis d'une retentissante étiquette, les impressionnistes, les Renoir, les Monet, les Pissarro, les Cézanne, les Sisley, pouvaient accomplir dans notre art du XIXe siècle un rôle utile.

CHAPITRE II
Ses vérités.

«Ce fameux Beau que quelques-uns voient dans la ligne serpentine, les autres dans la ligne droite, ils ne le voient tous que dans les lignes. Je suis à ma fenêtre et je vois le plus beau paysage. L'idée d'une ligne ne me vient pas à l'esprit. L'alouette chante, la rivière réfléchit mille diamants, le feuillage murmure....» Ainsi parle Delacroix dans une de ses lettres et cette réflexion nous révèle à quel point l'idée du dessin l'emportait, autour de lui, sur l'idée de la couleur. Le mot: «Je mettrai sur ma porte: *École de Dessin*, et je formerai des peintres», dit par Ingres, résumait à peu près tout l'esprit de l'enseignement. Même dans le paysage, sous le fouillis des branches ou les averses du soleil, on cherchait d'abord la ligne, l'exacte délimitation d'un plan par un autre, la construction anatomique d'un arbre, le «beau feuillé». Par là-dessus, se posait la couleur généralement forte, mais sagement contenue par le dessin, respectant les limites posées par la ligne, les exagérant parfois encore par ses contrastes, ne se permettant pas un éclat qui eût brouillé l'ordonnance, comme un vers qui sur le suivant n'ose se permettre le moindre enjambement. La révolution, commencée par Corot et par les paysagistes de Barbizon, n'était point encore arrivée au point où semblait le souhaiter Delacroix, car «l'idée d'une ligne» venait encore à tous les esprits. C'est alors que parut Claude Monet.

Regardez son *Église de Varangeville*, son *Champ de tulipes à Sassenheim*, son *Antibes*, regardez les toiles de M. Renoir, de M. Pissarro. On n'y voit pas plus de lignes que Delacroix n'en apercevait de sa fenêtre. Et en plein soleil, il en est souvent ainsi. Dans le miroitement des eaux, des feuilles, des rayons, lorsqu'il n'y a ni solennelles constructions de beaux arbres au premier plan, ni grands découpages de montagnes à l'horizon, dans les sites médiocres explorés par nos modernistes, on ne perçoit rien autre chose qu'une harmonie de tons. La nature est couleur plus que lignes: voici la première découverte de l'Impressionnisme.

La seconde est que les ombres mêmes sont des couleurs. Assurément les coloristes, les Titien, les Rubens s'en étaient bien doutés. Mais la foule des peintres l'avait oublié et l'école ne l'enseignait point.

Or il suffit du plus rapide coup d'œil pour le reconnaître. Si quelque objet coloré, placé près de votre fenêtre sous un rayon de soleil, vous paraît divisé en deux régions, l'une lumineuse, l'autre ombrée, vous êtes tenté de représenter ce côté ombré par un ton de charbon. Mais ne vous hâtez pas de le faire. Placez devant le côté sombre quelque chose de vraiment noir, le morceau de fusain, par exemple, avec lequel vous alliez le dessiner: voici que, par comparaison, vous verrez briller dans cette ombre, que vous pensiez noire, une couleur que votre fusain sera impuissant à donner. Vous alliez peindre cela en noir et vous auriez fait une ombre morte; dans la nature, pourquoi vit-elle? c'est parce qu'elle est une couleur.

Ceci est fort simple à voir, si, pour voir, on ne fait usage que de ses yeux, mais l'éducation nous y met des lunettes, qui nous empêchent de voir, comme elles sont, les choses les plus simples et, à force d'avoir entendu faire des associations de mots comme: «l'ombre noire», nous nous sommes accoutumés à prendre du noir pour exprimer l'ombre. Même aux meilleurs artistes, il a fallu de longues réflexions pour distinguer, avec leurs yeux, ce que l'éducation les empêchait de sentir. Ce n'est pas en travaillant dans son atelier, mais en regardant au dehors, que Delacroix écrivait, le 7 septembre 1856, dans son *Journal*, ces mots qu'on ne saurait trop méditer: «Je vois de ma fenêtre un parqueteur qui travaille nu jusqu'à la ceinture, dans la galerie. Je remarque, en comparant sa couleur à celle de la muraille extérieure, combien les demi-teintes de la chair sont colorées en comparaison des matières inertes. J'ai observé la même chose, hier, sur la place Saint-Sulpice, où un polisson était monté sur les statues de la fontaine, au soleil, *l'orangé mat dans les chairs, les violets les plus vifs pour le passage de l'ombre et des reflets dorés dans les ombres qui s'opposaient au sol. L'orangé et le violet* dominaient alternativement ou se mêlaient. Le ton doré tenait du vert. *La chair n'a sa vraie couleur qu'en plein air et surtout au soleil.* Qu'un homme mette la tête à la fenêtre: il est tout autre qu'à l'intérieur: de là, la sottise des études d'ateliers, qui s'appliquent à rendre cette couleur fausse.»

En même temps que Delacroix, au hasard de ses flâneries, découvrait cette loi, voici que, loin de lui, un inconnu, un Anglais, la découvrait aussi et l'enseignait, selon son habitude, impérieusement: «Toutes les ombres ordinaires devraient être de quelque couleur, jamais noires, ni approchant du noir, elles devraient être évidemment et toujours d'une lumineuse nature, et le noir devrait apparaître étrange parmi elles, comme, parmi une foule joyeuse et bigarrée, un moine.» Et, quelques années plus tard, ce même Anglais qui enseignait à Oxford, et qu'il faut bien me permettre de citer encore, puisque nul avant lui n'avait prévu, et nul depuis lui n'a si clairement exposé la thèse impressionniste, disait encore: «Tenez pour certain le fait que les ombres, quoique naturellement plus sombres que les lumières, vis-à-vis desquelles elles jouent le rôle d'ombres, ne sont pas nécessairement des couleurs moins vigoureuses, mais peut-être de plus vigoureuses couleurs. Quelques-uns des plus beaux bleus et des plus beaux pourpres dans la nature, par exemple, sont ceux des montagnes vus dans l'ombre, contre le ciel couleur d'ambre, et l'obscurité du creux dans le centre d'une rose sauvage est un éclat de feux orangé dû à la quantité de ses étamines jaunes. Or les Vénitiens virent toujours cela, et tous les grands coloristes le voient et se séparent ainsi des non-coloristes ou écoles de pur clair-obscur, non par une différence de style seulement, mais parce qu'ils sont dans la vérité, tandis que les autres sont dans l'erreur. *C'est un fait absolu que les ombres sont des couleurs autant que les lumières.*»

Les impressionnistes l'ont compris. Rompant bruyamment avec les habitudes de l'École, ils ont fait les ombres non pas noires, non pas grises, non pas jaunâtres, mais colorées, et comme la complémentaire du ton le voulait souvent, ils les firent souvent violettes. Ce fut un cri de stupeur. Personne, d'abord, ne voulut reconnaître là un effet observé dans la nature. On parla de «gageure», de «puffisme» et de «coups de pistolet». Des savants vinrent gravement expliquer qu'il n'y avait, au fond de tout ceci, qu'une maladie de l'œil et, à la vérité, le violet impressionniste était bien un peu surprenant; mais si l'on regarde la *Campagne de Rome* de Paul Flandrin, on se demandera en quoi les jaunes par où le paysage classique exprimait les plantes vertes de ses premiers plans étaient plus naturels? Et, s'il y avait maladie de l'œil chez ces jeunes gens qui voyaient tout en violet, combien les savants physiologistes n'auraient-ils pas rendu de services en découvrant la maladie qui avait permis au public pendant si longtemps de voir le vert des prairies tout noir! Combien surtout cette découverte fut vaine, puisque loin de guérir cette maladie chez ceux qui en étaient déjà affectés, elle n'a pu l'empêcher de gagner l'immense foule des peintres. Aujourd'hui, si vous vous promenez à travers les *Salons* des pays un peu arriérés ou les collections particulières de nos amateurs, vous en verrez les traces, non seulement chez les quasi-impressionnistes, comme M. Besnard, mais chez les travailleurs les plus assagis, comme M. Henri Martin, chez Duez, dans son *Déjeuner sur la terrasse*, chez les Romantiques attardés, non seulement en France, mais au delà des Alpes, mais dans la «sécession» d'Autriche, mais en Hongrie, mais dans les tableaux qu'on fait à Christiania ou à Stockholm.

De plus, ces ombres qui sont une couleur, sont-elles toujours de la même couleur? Y a-t-il une couleur d'ombre comme Perrault pensait qu'il y avait une «couleur de temps»? Non, car elles varient au gré des objets lumineux qu'elles reflètent. Vous êtes dans une chambre où le soleil qui décline éclaire presque horizontalement et embrase d'un ton chaud tout un coin de la pièce. Votre interlocuteur oppose au rayon lumineux son profil, de façon qu'une moitié de sa figure se trouve dans l'ombre. Analysez cette ombre, vous y découvrirez une foule de tons que n'a pas la chair: la couleur de la tapisserie éclairée par le soleil. Placez sur cette tapisserie un livre rouge: la joue s'enflammera comme auprès d'un brasier; vert, elle deviendra livide; bleue, et elle se teindra d'une blancheur étrange.

Dans les intérieurs d'appartements, toute surface réfléchissante s'impressionne de même. Le marbre de la table d'un coiffeur est vert sous le flacon de violette, rouge sous le flacon de quinine, et blanc sous le flacon d'eau de Cologne. En plein soleil, sous les arbres, sur les eaux, les reflets sont plus tyranniques encore. L'aile des mouettes qui se balancent sur les eaux bleues se teint par-dessous des couleurs qui se balancent au-dessous d'elles. Il y a, sur les bateaux qui font le service des lacs en Suisse, un porte-voix de cuivre jaune qui se recourbe légèrement comme une houlette au-dessus de l'eau bleue. Par un chaud soleil, quand le lac est absolument bleu, si l'on considère le dessous de ce porte-voix, on trouve qu'il est d'un vert criard, quand le dessus est d'un jaune d'or: c'est le reflet des vagues.—Une vive lumière peut éteindre la couleur propre d'un objet et lui en donner une autre. Le 9 mai de l'année 1900, les passants qui considéraient la Seine et l'horizon dentelé de l'Exposition vers six heures et demie du soir, de la place de la Concorde, n'apercevaient qu'un brouillard lumineux çà et là piqué de points d'or. Dans la splendeur du couchant toute forme avait disparu; seulement le haut des deux mâts de la porte monumentale brillaient à droite comme des torches qui commencent à prendre feu. De l'autre côté de la Seine, deux dômes brillaient d'un éclat exactement pareil: l'un appartenait au palais de l'Italie, qui était tout doré, l'autre à celui des États-Unis, qui était blanc avec de simples filets d'or,—et le soleil les confondait dans le même éclat. Enfin, au-dessus d'eux, une cloche d'or suspendue dans un campanile d'argent lui-même, soutenu en l'air par des forces invisibles, voilà tout ce qui restait de la tour Eiffel....

Ainsi de la figure humaine. Dès qu'elle est plongée dans un milieu composé de couleurs éclatantes et diverses, elle en reflète les éclats et les diversités. Mille silhouettes sont formées sur elle par les ombres des branches, par les lentilles de lumière: telles des arabesques et des ramages sur un vêtement. Si vous regardez avec attention la petite *Paysanne assise* de M. Pissarro, vous apercevrez que si la silhouette suivait les limites de la couleur, vous pourriez réduire son bras à presque rien, car toute une moitié n'en est que la continuation du ton de l'herbe. Et partout le paysage l'envahit et la tatoue à tel point qu'elle est près de se dissoudre dans le vert ambiant, selon la formule fameuse des *Déliquescences*:

Ah! verte, verte, combien verte
Était mon âme ce jour-là!

C'est de la peinture caméléonne. Les objets prennent les teintes des milieux où ils sont plongés et, pour l'impressionniste, nous sommes comme ces poissons qui changent de couleur selon les eaux qui les reçoivent. Est-ce là une vue plus fausse de la nature? Est-il une couleur immuable appropriée à une chose? Est-il un sentiment qui colore d'une façon indélébile une âme? Le flot bleu, en arrivant contre un récif, s'élève, se brise et devient blanc: c'est pourtant la même eau;... l'angle d'une table noire, touché par le jour de la fenêtre, se sertit de blanc bleuâtre: c'est pourtant le même bois;... un homme d'un esprit sceptique, d'une volonté inactive, est saisi par l'amour ou par la douleur et devient un poète ou un apôtre: c'est pourtant la même âme.... Que la même substance se colore suivant le milieu de façons différentes et que chaque couleur différente de ce milieu agisse en même temps sur elle de façon à la partager, à la barioler, à la tatouer si l'on veut, selon les mille hasards de l'ombre, du rayon, du reflet, du nuage et de l'air, voilà qui n'est pas seulement une fantaisie impressionniste dans l'art, mais une vérité profonde à la fois dans la nature et dans la vie.

Mais ce n'est pas tout. Les taches des reflets ne séparent pas seulement une même figure en morceaux de différentes couleurs sur le même plan, comme une mosaïque: elles en creusent aussi les surfaces planes, et les sculptent en profondeur comme des bas-reliefs. Elles varient les plans de cette surface plane de telle sorte qu'elles en modifient complètement aux yeux la nature et la composition. Regardez *La Loge* de M. Renoir et vous verrez le plastron empesé du lorgneur, qui est apparemment d'une matière dure, creusé par les taches d'ombre, et repoussé par les reflets de lumière, de façon à présenter l'aspect d'un agglomérat de coton. Parfois, donc, la lumière trompe absolument sur la nature de l'objet représenté. Pour le reconstituer, il faut faire appel au sens du toucher. Il faut que la main se porte sur l'objet et, le palpant, nous rende la notion que sa forme primitive subsiste sous les reflets contraires et les diverses couleurs.

Maintenant, ces jeux de la lumière, ces actions et ces réactions infinies des reflets, comment les analyser avec assez de finesse pour les surprendre et les fixer avec assez d'éclat pour les retenir? Cette atmosphère lumineuse, qui bouleverse les formes, interchange les couleurs, par quel moyen subtil l'exprimer? Puisque ce n'est plus la figure qu'il s'agit de délimiter dans l'espace, ni les arbres dont il s'agit d'indiquer l'essence, puisque c'est la lumière qui devient le principal personnage du tableau, comment peindre cette lumière qui remplace dorénavant le sujet, l'action, la figure, le caractère, et pétrissant à son gré tous les corps, enveloppant tous les plans, reliant toutes les silhouettes, fondant toutes les couleurs,

> Semble l'âme de Tout qui va sur chaque chose
> Se poser tour à tour?...

C'est ici qu'intervient l'effort le plus audacieux, la trouvaille la plus précieuse de l'Impressionnisme: la *division de la couleur*.

Cette division, beaucoup de coloristes l'avaient indiquée. Ils avaient déjà morcelé la touche. Vous trouverez la touche très morcelée avec les reflets très papillotants chez Watteau, dans l'*Embarquement pour Cythère*. Elle est morcelée aussi chez Chardin. Elle est balafrée, striée, et parfois tourbillonnante chez Turner. Taine cite avec raison le *Café Turc* de Decamps et spécialement le mur de face, à gauche, pour montrer que, pour les yeux de l'artiste, la tache est en mouvement, car il s'y fait des flageollements, des stries. M. Paul Signac a parfaitement établi, dans son vigoureux plaidoyer en faveur des néo-impressionnistes, que le peintre du *Massacre de Scio*, lui aussi, se préoccupa des moyens d'aviver la couleur par le morcellement de la touche.

Mais si l'on obtient ainsi plus de mouvement et plus d'air dans la couleur, on n'en augmente pas l'éclat. Et, cependant, chacune des couleurs dont on se sert est d'un éclat égal, sinon supérieur à l'éclat de la couleur correspondante dans la nature; le vert sur la palette est aussi étincelant que sur l'herbe. Pourquoi donc, une fois mélangées et passées sur la toile, les couleurs baissent-elles de ton? «Mélangées»,... c'est qu'elles sont mélangées! Et, apparemment, c'est une inexorable loi de la peinture. Elles ne peuvent pas ne pas l'être....

Claude Monet et Pissarro en étaient là de leurs réflexions, lorsqu'en 1870, ils allèrent à Londres et y passèrent de longues journées à étudier les Maîtres anglais, Watts, Rossetti, Turner. En observant que, dans certains tableaux de Turner vus de près, les couleurs apparaissent presque pures, et que, de loin, cependant, l'ensemble des touches composait une combinaison harmonieuse, les impressionnistes comprirent pourquoi ces tableaux avaient un tel éclat: c'est que la couleur y était posée par tons crus; et pourquoi ils avaient, malgré cette crudité, une telle harmonie: c'est qu'elle était posée par tout petits fragments ou par lignes très minces qui, de loin, n'apparaissaient pas seuls, mais se mélangeaient pour la vue avec les lignes voisines. Le mélange n'avait pas eu lieu sur la palette, ni même sur la toile: il avait lieu sur la rétine du spectateur. C'est ce qu'on appela le *mélange optique*.

De ce procédé, qui n'est point constant ni même habituel chez Turner, mais qui s'y trouve suffisamment indiqué, les impressionnistes dégagèrent et rapportèrent toute une théorie. D'abord, ils proscrivirent de leur palette les couleurs neutres et déjà rompues comme les bruns, ne gardant que des couleurs vives: des jaunes, des orangés, des vermillons, des laques, des rouges, des violets, des bleus, des verts intenses comme le véronèse et l'émeraude. Réduits à ces couleurs éclatantes qui se rapprochent de celles du spectre solaire, ils s'interdirent encore d'en ternir l'éclat par des mélanges sur la palette. Enfin, dans leur dernière évolution ils cherchèrent à éviter non seulement le mélange sur la palette et dans la brosse, mais même, jusqu'à un certain point, le mélange sur la toile, composant les tons, le plus qu'ils pouvaient, par petits fragments purs, les uns à côté des autres. Pour composer un violet, par exemple, la théorie *divisionniste* enseigne qu'il ne faut point prendre le violet sur la palette, ni même mêler sur la toile du rouge et du bleu, mais bien poser une touche de rouge, puis une de bleu, à côté, sans les mêler, mais si près l'une de l'autre, qu'à une certaine distance l'œil recompose le ton violet.

C'est l'application exacte de la théorie enseignée en 1856 par Ruskin et que M. Paul Signac a résumée, en 1899, en ces trois articles: 1° Palette composée uniquement de couleurs pures se rapprochant de celles du spectre solaire; 2° Mélange sur la palette et mélange optique; 3° Touches en virgules ou balayées.

Assurément, ce programme, en passant de la théorie à la pratique, a subi bien des accommodements. Ni Claude Monet, ni même M. Pissarro ne l'ont absolument appliqué. D'ailleurs, ils n'avaient jamais prétendu l'appliquer et ce n'était là qu'une suggestion pour l'avenir ou, si l'on veut, un idéal. Mais si nous regardons la *Vue de Rouen* de M. Camille Pissarro ou l'*Argenteuil* de Claude Monet, nous verrons qu'autant qu'une suggestion peut être suivie, celle-là le fut par ces peintres, et devant ces deux exemples, les plus prévenus conviendront qu'elle a conduit à un admirable résultat. L'éclat de ces eaux, la vibration de cette lumière, la palpitation de ces reflets, la légèreté de cette atmosphère fine, l'harmonie douce de ces tons dont chacun est violent, tout prouve que l'Impressionnisme a apporté ici une affirmation vraie. La *Danseuse* de M. Renoir est une merveille d'harmonie. Regardez, au Luxembourg, *les Bords de la Seine* de Sisley, les *Toits rouges* et la *Brouette* de M. Pissarro, la *gare Saint Lazare* et l'*Eglise de Vétheuil* de Monet, qui sont de petits chefs-d'œuvre, vous reconnaîtrez là les plus précieuses découvertes de l'art dans les secrets de la vie.

Seulement, la théorie *divisionniste*, si elle était appliquée partout et dans toute sa rigueur, conduirait à proscrire beaucoup des facilités de la peinture à l'huile, car précisément ce qui distingue la peinture à l'huile d'autres procédés de coloration, du pastel par exemple, c'est le pouvoir de mélanger les couleurs, et c'est, pour parler comme Delacroix, «l'infernale commodité de la brosse». L'absolue division de la couleur, plus tard dégénérée en *pointillisme*, rend le métier de peintre extrêmement difficile. En vain, des artistes d'un talent indéniable et d'une rare pénétration d'esprit, les Seurat, les Signac, les H.-E. Cross cherchèrent à rallier les peintres à la technique nouvelle, poussée à son extrême sévérité. Ils échouèrent.

CHAPITRE III
Ses lacunes.

Le cycle impressionniste étant clos, on peut le juger maintenant aussi clairement qu'on juge l'école romantique ou celle de David. Tant que les «jeunes» s'en inspirèrent, tant qu'ils y prirent leur point de départ, le jugement dut être suspendu. Car on ne savait pas si, parmi ces jeunes, il ne s'en trouverait point qui ferait sortir de l'Impressionnisme quelque œuvre plus complète et plus puissante que celles réalisées jusque-là. On nous disait: «Ne vous pressez pas de conclure, car ce mouvement ne date que d'hier et s'il n'a pas donné encore tout ce qu'on en peut attendre, qui sait si à ces tentatives ne va pas succéder quelque chef-d'œuvre? Qui sait si le maître impressionniste ne va pas paraître?» Mais, aujourd'hui, on ne peut plus parler ainsi. Car voici plusieurs années déjà que les jeunes ont abandonné la route de l'Impressionnisme et bifurqué sur des chemins qui les ramènent tout doucement aux écoles du passé. On nous disait: «Désormais la peinture sera claire, *définitivement*débarrassée de la litharge, du bitume, du chocolat, du jus de chique, du graillon et du gratin». Demain les jeunes gens ne verront la figure humaine qu'enveloppée de soleil; les ombres seront mises en fuite, les murailles qui conservent l'ombre renversées, les clartés triomphantes dans tous les coins et recoins de la toile, et l'être humain, émancipé par la peinture, se tiendra debout, joyeux, dans «une après-midi qui n'aura pas de fin». Attendez, et vous allez voir arriver la lumière.

Nous avons attendu, et nous avons vu arriver M. Cottet....

On nous disait enfin: «Regardez s'élaborer le paysage de l'avenir. Il ne sera qu'une harmonie en blanc majeur, qu'un inter-échange de lueurs entre les eaux, les herbes, les feuilles, les rayons et les fleurs. Et, là, il puisera toute sa poésie. Plus d'effets mélodramatiques, plus de ruines savantes, plus de fabriques, plus d'arbres composant leurs silhouettes comme des modèles d'académie, plus d'effet théâtral, plus d'orages! Seulement le clair sceptre de «midi roi des étés», des maisons neuves avec du rouge de tuile ou du noir d'ardoise, à travers les feuilles tendres d'arbres sans prétentions, d'humbles légumes, des eaux sans cascades ni artifices, de petites nuées libres sans architecture. Ayez confiance, et vous allez voir apporter dans nos salons des morceaux de nature éclatants de lumière et de modernité.» Nous avons eu confiance, et nous avons vu apporter les *Terres antiques* de M. Ménard....

Regardez le paysage de M. Ménard, qui se trouve précisément au Luxembourg, pas très loin de la salle Caillebotte. Non seulement Claude Lorrain n'y est plus méprisé, mais les recettes du vieux clair-obscur y sont soigneusement remises en honneur.... Combien n'a-t-on pas raillé jadis le procédé qui consiste à opposer, dans un tableau, le point le plus lumineux à son point le plus sombre pour obtenir un effet de contraste, ce procédé sans cesse employé par Gustave Doré dans ses grandes planches? Or, il se retrouve exactement dans les deux paysages de M. Ménard, où des bestiaux bénévoles sont venus mettre leur tête rousse et sombre, juste au point où le soleil dardait son reflet le plus clair. Et pourtant l'œuvre de M. Ménard n'en arrête pas moins tous les regards, et n'en retient pas moins toutes les pensées.

Pareillement, dans cette touchante *Nuit de la Saint-Jean* de M. Cottet, où les membres d'une famille bretonne se sont groupés autour du feu commémoratif, posant çà et là des pierres pour tenir parmi les vivants la place des enfants morts, on observe que le point le plus sombre s'oppose au centre lumineux, et nul n'en est scandalisé. De même dans l'admirable *Troupeau* de M. Dauchez.

Qu'on regarde enfin la *Procession* de M. Simon: ces têtes nues sous la brise de mer, ces traits fortement appuyés dans la chair des visages, ces oppositions tranchées d'ombre et de lumière, ces arabesques de draps noirs sur les surplis blancs, et que l'on dise ce qui reste là des théories du plein air et des reflets, de la proscription du brun et du noir?

Et ce n'est pas une individualité ou deux qui abandonnent le sentier de l'Impressionnisme: c'est une foule. Quand on s'arrête devant les toiles de M. Jacques Blanche, de M. Le Sidaner, de M. Morisset, de M. Guignard, de M. Albert Moullé, de M. Georges Griveau, de M. Garrido, de M. Feliu, de Mlle Rœderstein, de M. Sarlius, il est difficile d'y voir cette «peinture claire», cet éblouissement de tons purs, cette «proscription des ocres et des bruns», que les théoriciens de l'Impressionnisme ont toujours donnés comme les caractéristiques de l'art nouveau. Vainement chercherait-on à rattacher tous ces «ténébreux,» qui triomphent en ce moment, aux luministes d'hier. Ils en diffèrent du tout au tout. On peut, à la vérité, parler de leur commune «émotion» et de leur semblable «sincérité»; proclamer que les uns et les autres se livrent à un pareil «travail philosophique au cours duquel les contingences s'élaguent», et qu'ils sont, aujourd'hui comme hier, les «évocateurs savants des forces en exercice;...» propositions qui s'appliquent d'autant mieux à plusieurs écoles qu'elles n'en définissent aucune.

On peut, en définissant l'Impressionnisme «une peinture qui va vers le phénoménisme, vers l'apparition et la signification des choses dans l'espace, et qui veut faire tenir la synthèse de ces choses dans l'apparition d'un moment», y rattacher tout tableau moderniste, comme, d'ailleurs, tout tableau quelconque et, en effet, quel est le peintre qui ne se propose pas «l'apparition des choses dans l'espace», et quel moyen pourrait-il bien prendre de les montrer autrement que « dans l'apparition d'un moment?»

Mais dès qu'on quitte cette logomachie pour préciser les caractères picturaux des «jeunes» de talent, on est obligé de constater la réaction qui s'est faite. Car le réalisme était l'absence de composition, et l'Impressionnisme l'absence d'effet par les masses d'ombre. Or, chez tous les jeunes artistes que le succès accueille aujourd'hui, on constate nettement une composition voulue et un parti pris d'ombres évident. Il y a huit années, déjà, cette réaction était notée par M. André Michel. Sa consciencieuse observation et son impartiale clairvoyance en relevaient les premiers symptômes. Aujourd'hui, personne ne pourrait s'y tromper: l'Impressionnisme appartient bien au passé. On peut donc, sans injustice, le comparer à toutes les écoles du passé.

Or, il faut bien l'avouer, si nous comparons les portraits que nous ont laissés ses meilleurs maîtres avec ceux d'Ingres ou de M. Dagnan, si nous rapprochons ses paysages, dans leur ensemble, des pages que nous ont laissées les Rousseau, les Corot et les

Daubigny, si à ce mouvement qui dura trente ans, c'est-à-dire aussi longtemps que le mouvement romantique et qui fit beaucoup plus de bruit que l'école de Barbizon, nous demandons l'équivalent de ce qu'ont produit l'un ou l'autre de ces groupes, l'une ou l'autre de ces écoles, nous ne le trouverons pas. Ni ces portraitistes n'ont immortalisé, ni ces paysagistes n'ont exprimé, ni ces fantaisistes n'ont conçu, quelque figure humaine, quelque aspect de nature, quelque type d'humanité tel que le *Portrait de M. Bertin*, la *Danse des Nymphes* ou *l'Homme à la Houe*. En sorte que vouloir comparer l'Impressionnisme aux grandes époques de la peinture française, l'opposer à ces écoles, le dresser contre leur enseignement, comme l'ont fait la plupart de ses panégyristes, ce serait tout simplement conclure à son avortement.

Le maître impressionniste n'a pas paru. Car cette révolution, si révolution il y a, fut faite par beaucoup de pygmées et non par un géant. C'est la grande différence, en Art, entre les révolutions d'autrefois et celles d'aujourd'hui. Autrefois, ce qui était à la mode, ce qui était encouragé par la critique, ce qui était par conséquent le lot de la foule des artistes, du troupeau des «suiveurs», c'était la routine; aujourd'hui, c'est l'innovation. Autrefois, par conséquent, il fallait, pour oser une réforme, un artiste vigoureux et puissant, rompu à toutes les pratiques antérieures de son art. Le goût étant essentiellement hostile à toute réforme, on n'osait point la tenter aussi longtemps qu'on n'avait pas en main tous les éléments pour la faire triompher. Tant qu'on ne savait pas à peu près tout ce que savaient ses prédécesseurs, on ne s'aventurait pas à leur rompre en visière ni à leur donner des leçons. Aujourd'hui, rien n'est plus facile. Étonner les maîtres suffit à faire penser qu'on est un maître soi-même; dire du mal de l'Institut dispense d'avoir du talent. Le goût étant aux innovations, à l'agitation et à l'oscillement perpétuel, la presse décernant la «maîtrise» à n'importe quel pseudo-novateur, beaucoup innovent quand ils devraient copier encore et enseignent un métier nouveau quand ils agiraient sagement en apprenant l'ancien. Il en résulte parfois des tentatives curieuses, intéressantes pour le progrès d'une technique, mais point assez complètes pour la réalisation d'une œuvre et, au bout de quelques années, le mouvement avorte ou se perd en excentricités, pour avoir été entrepris trop tôt, par des bras trop faibles et dans un sentiment trop étroit.

L'Impressionnisme avait un sentiment trop étroit. Il niait trop de vérités essentielles dans une œuvre d'art et celle qu'il apportait, si importante qu'elle fût, n'était pas suffisante pour tenir lieu de toutes les autres. Ce qu'il affirmait c'était la nécessité de la couleur vive, ce qu'il niait c'était l'utilité de la ligne. Il la niait, et il ne sert de rien, pour le contester, de prétendre que M. Degas admire Ingres ou que M. Renoir sait dessiner et qu'ils étaient tous deux capables de tracer une ligne impeccable; toute la question est de savoir s'ils étaient capables de donner l'éclat nouveau et le mouvement imprévu de leurs couleurs tout en conservant leurs lignes. Il est évident que les impressionnistes pouvaient d'une part dessiner très correctement et d'autre part obtenir des vibrations de couleurs inaccoutumées. Mais la question est de savoir s'ils pouvaient *à la fois* donner ces vibrations et conserver cette ligne, profiter de leurs recherches et ne rien perdre de leur acquis, appliquer leurs théories sans détruire un enseignement essentiel et, en un mot, superposer leurs progrès à tous les progrès que la peinture avait faits avant eux. Or les exemples de la salle Caillebotte répondent assez clairement à cette question: ils ne le pouvaient pas. Ils n'ont pu réaliser leurs vibrations de couleurs qu'en sacrifiant la ligne; ils n'ont pu montrer les reflets sur les figures qu'en détruisant la silhouette des figures; ils n'ont pu peindre l'atmosphère qui enveloppe, qu'en dénaturant la substance qui est enveloppée et, en un mot, faire «chanter la couleur» qu'en faisant taire le dessin.

Dans la plupart des tableaux impressionnistes, il n'y en a plus et, si ce défaut est moins sensible ou plus excusable quand il s'agit d'un paysage, surtout des paysages amorphes des environs de Paris où nulle montagne ne donne un intéressant profil, il n'en va pas de même avec la peinture de figure et surtout avec le portrait. Le but du portrait est de nous montrer ce qu'un être humain a de plus personnel, de plus intime, de plus *lui*. En le peignant en plein air, sous bois, tatoué par l'ombre des branches, bariolé par les reflets, l'impressionniste nous montre ce qu'il a de plus superficiel, de plus influencé par son milieu, de plus *autre*. Le but du portraitiste est d'abstraire le modèle de son milieu, afin de montrer en quoi il diffère de son milieu. La thèse impressionniste oblige à le replonger au contraire dans ce milieu comme dans un bain multicolore, à éparpiller son âme parmi les âmes diverses des choses, à étouffer sa voix sous le murmure des êtres, à éclipser son regard par le rayonnement des fleurs, en un mot à le faire s'évanouir dans le grand Tout. L'homme n'est plus que le produit du «milieu» où on l'a mis et du «moment» où on l'observe. Aussi ne trouve-t-on guère de bons portraits dans toute l'école impressionniste, et parmi eux, il n'en est pas un qui puisse être comparé, je ne dis pas à ceux d'Ingres ou de Reynolds, mais tout simplement à ceux de M. Dagnan ou de M. Benjamin-Constant.

La facture en est uniforme. C'était un axiome autrefois chez les artistes que chaque objet différent devait être peint d'une façon différente, qu'une maison, par exemple, devait se distinguer par sa facture d'un arbre et un mouton d'une pièce d'eau ou d'une locomotive; qu'il n'y avait pas seulement un ton «local,» mais que la facture même devait varier selon l'objet qu'elle était censée réaliser. On n'appliquait pas la couleur pour figurer un mur comme pour figurer des feuilles d'arbre ni pour un visage comme pour un parquet de bois. La matière représentante devait varier comme la matière représentée. La touche était posée à plat ou en virgule, ou plus sèche ou plus humide, par longues traînées ou par points, par raies verticales ou par traits horizontaux ou en coups de sabre, en «banderoles», ou bien blaireautée en fourchette, ou encore appuyée comme une pression sur un bouton électrique, ou légère comme des passes magnétiques, selon qu'il s'agissait de signifier la ronde bosse d'un rocher ou la plate épaisseur d'une muraille, ou l'échevellement d'un arbre dans le vent. L'Impressionnisme a changé tout cela. Son principe étant de peindre l'enveloppe lumineuse des objets plutôt que les objets mêmes, il a tout fait vibrer dans un égal scintillement. Dans ses œuvres les plus fameuses, tout est peint de la même manière. Une locomotive paraît floconneuse comme un nuage; une maison frissonnante comme un arbre et un bonhomme tient à la fois du nuage et de la maison. Une touche partout égale, que l'objet soit liquide, solide ou aérien, le calfeutre d'une sorte de ouate colorée.

Fatal à la figure, le sentiment impressionniste est-il favorable au paysage? Oui, sans doute, mais non à tous les paysages, ni dans tous les moments. Ce que l'Impressionnisme rend merveilleusement, c'est le plein soleil, c'est l'heure où tout ce qui vit danse dans la lumière, où, voyant tout, l'on voit mal. C'est l'accablement de la chaleur, c'est midi, l'heure de la sieste et des bras lassés par le travail. C'est de toutes les heures du jour celle que le rural connaît le moins. Car c'est celle où il repose. Mais en même temps c'est l'heure que l'artiste citadin connaît le mieux et qui représente pour lui l'instant typique de la Nature. Il est parti de Paris par le train du matin, il y rentrera par le train du soir, il ne voit la campagne qu'en plein midi. Il a un éblouissement. L'impressionniste mieux qu'aucun autre lui peint cet éblouissement, il le retrouvera rue Lepeletier. Il est grisé, enivré comme les héros de Maupassant dans sa *Partie de campagne*. Cela, l'impressionniste le montre bien. Dans sa toile, le citadin déchaîné parmi les moissons a des visions extraordinaires.

Le printemps ouvre sa guinguette...

Le bourdon aux excès enclin,
Entre en chiffonnant sa chemise;...
Un œillet est un verre plein,
Un lys est une nappe mise,

La mouche boit le vermillon
Et l'or dans les fleurs demi-closes,
Et l'ivrogne est le papillon,
Et les cabarets sont les roses.

Ces impressions superficielles, ces Bucoliques de banlieue, l'impressionniste les chante comme Victor Hugo lui-même. Quant aux impressions de nature longuement ressenties, comme la ressentent ceux qui vivent sur la montagne ou sous la forêt, quant aux souvenirs qui s'enfoncent au plus profond de notre être, ce n'est plus Claude Monet ou Victor Hugo qui sont capables de les rendre: c'est Lamartine, c'est même Laprade ou Brizeux. Et si nous les voulons retrouver en peinture, quittons la salle Caillebotte, quittons le Luxembourg et montons au dernier étage du Louvre, revoir les Corot, les Rousseau et les Daubigny de la collection Thomy-Thierry.

Incapable de dégager le caractère de la figure humaine, capable seulement de dégager l'apparence de la nature dans une seule région à une seule heure et très superficiellement, l'Impressionnisme pouvait produire, çà et là, quelques excellentes œuvres, comme les *Toits rouges* ou l'*Église de Vétheuil*, mais il était, si on le compare aux grandes écoles d'art, destiné à un avortement.

CHAPITRE IV
Son erreur.

Et pourquoi a-t-il avorté? Pourquoi a-t-il affiché un sentiment d'art si étroit, et l'ensemble de ses négations inutiles a-t-il de beaucoup dépassé son affirmation nécessaire?—C'est parce qu'il portait en lui, avec des germes de vie, un germe de mort, une certaine humeur fatale à tous ceux qui en furent affligés, commune à beaucoup d'écoles contemporaines, et qu'il faut dénoncer comme la pire des maladies de notre temps: *la recherche de l'originalité*.

Chercher l'originalité est un mal qui, s'il ne date pas d'hier, date du moins des temps modernes. Les anciens artistes l'ont peu connu. On cite bien Gréco qui, exaspéré d'entendre dire qu'il imitait le Titien, chercha dans des procédés un peu semblables aux procédés impressionnistes une éphémère originalité. Mais Gréco fut une exception. Ce que l'artiste ancien cherchait d'ordinaire, c'était l'assentiment de ses pairs et l'applaudissement des «honnêtes gens» en continuant ses maîtres, en développant quelque côté de leur manière, sans qu'on vît tout de suite la transition et en les transformant sans bruit. Il cherchait non *l'originalité*, mais *la puissance*. Il ne niait rien de ce qu'on trouvait nécessaire avant lui, mais il y ajoutait quelque chose qui lui semblait utile. Chercher l'originalité, c'est le signe évident qu'on veut s'écarter de sa voie naturelle, de soi-même, de son «origine», bref, de tout ce qu'on peut avoir d'originalité. Si l'on a en soi quelque originalité, parmi toutes ses qualités natives, c'est en les développant toutes qu'on peut la faire apparaître, mais ce n'est jamais en commençant par supprimer l'emploi des autres. Ce n'est donc pas en supprimant les qualités reconnues comme nécessaires dans une œuvre d'art: la composition, le dessin, le côté substantiel des choses, qu'on réalisera l'originalité de la couleur. C'est en les gardant toutes, en les cultivant soigneusement, qu'éclatera, parmi elles, celle qui est destinée à les faire oublier, presque à l'insu de l'artiste qui n'a cherché rien autre chose que la puissance. Pour être elle-même, l'originalité doit être non pas voulue, mais subie.

Considérons, par exemple, les deux maîtres dont se réclament parfois les impressionnistes: Turner et Watteau. Certes, tous les deux furent des novateurs et firent de plus grandes révolutions dans l'art que les modernistes ne peuvent se flatter d'en avoir même indiqué. Comme l'a dit Hamerton: «La critique du XVIIIe siècle eût été incapable d'imaginer un Turner». D'autre part, quand on se rappelle que Watteau, ce représentant présumé du XVIIIe siècle, fit son éducation en réalité au XVIIe, qu'il mourut l'année où naquit Mme de Pompadour, qu'il n'eut pour modèles que Le Brun et Mignard, Poussin et Le Sueur, on mesure assez le pas géant qu'il fit faire à l'art pour l'amener des tristes bords du Tibre où languissait le Poussin jusqu'au parc jaseur et rieur où «s'en vont rêvant masques et bergamasques». Or, ces deux grands novateurs surent à peine qu'ils innovaient. En tout cas, ils ne le proclamèrent point: ils s'en seraient défendus plutôt, et telle était leur déférence envers les maîtres et leur peu de scandale que tous deux furent élus, fort jeunes, membres l'un de l'Académie royale de France, l'autre de l'Académie royale d'Angleterre, sans même l'avoir sollicité.

Était-ce un révolutionnaire, un contempteur des maîtres anciens, ce Turner qui, constamment hanté par le souvenir de Claude, dessinait un *Liber Studiorum* pour être comparé au *Liber Veritatis* de son prédécesseur et qui mérita que P. G. Hamerton écrivît de lui: «Jamais artiste n'a étudié ses prédécesseurs avec autant d'assiduité pour montrer autant d'indépendance dans la suite?» Était-ce un chercheur d'originalité que Watteau? Au témoignage de Caylus, il «copiait et étudiait avec avidité les plus beaux ouvrages du maître d'Anvers»; il écoutait les conseils de maîtres comme Métayer, comme Gillot, comme Claude Audran, peintre et concierge, plus concierge que peintre: il demandait, en grâce, aux membres de l'Académie les moyens d'aller étudier à Rome. Prétendait-il détruire les règles établies, cet esprit timide et inquiet qui avait toujours, disent ses biographes, «le dégoût de ses propres ouvrages et trouvait toujours qu'ils étaient payés beaucoup plus qu'ils ne valaient?» ce client qui donnait à son coiffeur deux tableaux pour une perruque et craignait encore, en conscience, que ce ne fût pas assez? Tous les deux, enfin, Turner et Watteau, ressemblaient-ils aux bruyants révolutionnaires modernistes, eux qui, aussi jaloux de cacher leur personne que de perfectionner leur art, changeaient constamment de logement pour échapper aux curiosités indiscrètes, qui, pendant tout le cours de leur vie, étaient hantés par les modèles laissés par les maîtres, tous deux impatients, inquiets, doutant de leur mérite et ne souffrant guère qu'on attaquât celui de leurs prédécesseurs, tous deux mourant isolés, non comme des chefs d'école, mais bien comme de véritables originaux, grands inconscients qu'ils étaient: l'un déplorant qu'on eût si mal sculpté le crucifix que le prêtre lui donnait à embrasser, l'autre tournant, dans la mansarde de Chelsea, ses derniers regards vers les derniers rayons du couchant en murmurant: «Le soleil est Dieu!»

Tel fut Watteau, tel fut Turner, ces gauches constructeurs d'ombres charmantes, ces inconscients casseurs de vitres et ces prodigieux appelants de rêve. L'*Embarquement pour Cythère* était bien le départ pour une terre nouvelle d'art et de poésie. Les *Funérailles en mer du peintre Wilkie* étaient bien l'ensevelissement de toute une peinture vieillie et d'un idéal mort. Mais ceux qui firent ces révolutions ne se doutaient pas qu'ils les faisaient. Ils croyaient de bonne foi suivre la grande route quand ils frayaient des trouées nouvelles. Ils ne croyaient qu'agrandir un ancien domaine quand ils découvraient des mondes....

Leur exemple est un enseignement. La contre-épreuve qui nous est fournie par les modernistes le confirme. C'est que, chez les «jeunes», le mépris est un mauvais véhicule, non seulement pour tout talent, mais pour tout progrès? Une réforme, qui se présente avec plus de négation que d'affirmation, n'est qu'une ombre de réforme. Les vrais révolutionnaires sont ceux qui renouvellent les formes d'Art par lente substitution, à la façon de la vie, et non par suppression rapide, à la façon de la mort. Les révolutions hâtives sont les révolutions éphémères. Le champignon modifie vite l'aspect d'un sous-bois, mais il ne le modifie qu'un jour, et le chêne qui, pendant ce temps, pousse lentement dans la nuit ses racines invisibles, transformera l'aspect de la forêt et sera, dans des siècles, pour les ailes des oiseaux et pour les yeux des hommes, un lieu de repos, de rafraîchissement et de paix.

Quant à l'affirmation que, parmi tant de négations, nous apporta l'Impressionnisme: l'affirmation des droits de la couleur, elle restera sans doute à l'actif des découvertes de l'art. D'abord, l'importance des lumières reflétées, ensuite la vive coloration des ombres, enfin et surtout la division du ton, si elles ne sont pas tout dans l'art de peindre, sont cependant de cet art une partie assez importante pour qu'on soit reconnaissant à l'école qui les a le mieux indiquées. Précisément parce que les œuvres impressionnistes manquent des autres qualités qui font la bonne peinture, on voit ces qualités particulières y ressortir avec plus de crudité et une clarté plus favorable à l'enseignement. C'est ainsi qu'un «écorché», par exemple, précisément parce qu'il ne cherche pas à rendre tout le charme et toute la beauté du corps humain, nous fait comprendre le jeu des muscles beaucoup mieux qu'une complète académie. Quand les amateurs, aujourd'hui imbus d'idées modernistes, se lasseront de voir dans leurs salons ces curiosités de palettes, elles n'iront point, du moins, comme les mauvais tableaux, au grenier. Elles s'arrêteront dans les ateliers des peintres, qui les suspendront avec honneur entre les tableaux des complémentaires de Chevreul et les écorchés de Bandinelli. Là, ces choses seront à leur place et rendront des services. Né d'un sérieux effort, dû à des causes profondes, assez fortement réalisé pour avoir beaucoup appris, même à ceux qui s'en défendent le plus, l'Impressionnisme est une découverte: ce n'est pas une peinture.

TROISIÈME PARTIE
LE VÊTEMENT MODERNE
DANS LA STATUAIRE

LE VÊTEMENT MODERNE DANS LA STATUAIRE

Quand les premiers chrétiens débarquaient pour la première fois dans les villes de la civilisation païenne, ils demeuraient stupéfaits du nombre des statues qu'ils y voyaient. Les héros, les ancêtres, les dieux, le monde antique tout entier, étaient là, dressés, en bronze ou en marbre, en apparence indestructibles. Et les pieux missionnaires n'étaient pas loin de croire que, dans chacune de ces statues, il y avait un démon. C'est, aujourd'hui, un sentiment semblable de stupeur qui saisit le rural quand il entre dans nos villes ou lorsque, errant sur le balcon du grand hall des Champs-

Élysées, il jette un regard sur cette foule de marbre.

Depuis le temps de Lysippe, on n'avait jamais tant vu de statues embarrasser les places publiques. Jamais n'avait passé sur ce pays un tel souffle commémoratif. Plus de cent quinze statues furent érigées en France de 1870 à 1885. Un idéal inexpliqué d'hommages coûteux et d'inaugurations réparatrices hante les ateliers de Montrouge ou de Montmartre. Une fatale émulation les tient de ne pas laisser dans Paris un square, une place, un carrefour, un rond-point, un refuge inoccupé. La sculpture a horreur du vide. Devant qu'une rue soit percée ou un square planté, un monument s'y destine et l'on sait déjà quel héros y sera honoré, quand on ignore si les maisons auront des locataires. Les espaces actuellement ouverts sont insuffisants. On a mis des grands hommes partout: on a insinué des acteurs jusque dans des squares suburbains, des encyclopédistes jusque parmi des bureaux d'omnibus, des réformateurs sociaux jusqu'à la porte des «hippo-palaces» et sur les boulevards extérieurs.

Toute place étant occupée, mais la patrie se résignant de moins en moins à ne point honorer ses grands hommes, on les juxtapose comme dans une revue. Au carrefour de l'Observatoire, un explorateur dispute la place au maréchal Ney et l'horizon aux *Quatre parties du monde*. La longue perspective de la fontaine du Luxembourg est close. L'œuvre de M. Puech offusque celle de Carpeaux. Il y a saturation. Et cependant, à chaque Salon, des files nouvelles de grands hommes rangés sous le vitrage «attendent», dans les limbes du plâtre, le moment d'entrer, à leur tour, dans l'immortalité.

En même temps que ce phénomène, si favorable au sculpteur, il s'en produit un autre, qui lui est fort contraire. Si jamais on n'éleva tant de statues à des contemporains, jamais non plus les contemporains ne se vêtirent d'une façon si peu «statuaire». Le vêtement moderne, depuis Henri IV, mais surtout depuis un siècle, est ce que l'histoire nous offre de plus impropre à figurer dans une œuvre de plastique. Le naïf rural, qui se promène dans nos cités, n'est pas moins indigné que le premier chrétien débarquant dans la cité antique. Si ce ne sont pas de faux dieux qui se dressent devant lui, ce sont du moins de faux hommes, et il a peine à se persuader que des gens si laids aient pu être si grands. Il y a désaccord absolu entre la prétention que nous avons d'honorer nos héros et les moyens que leur aspect extérieur nous en fournit. Le problème du vêtement contemporain dans la statuaire est donc posé par les faits.

CHAPITRE I
Pourquoi les sculpteurs ont tenté de représenter le vêtement moderne.

Sans doute, il y a longtemps qu'on a senti ce désaccord. Mais on le résolvait jadis en sacrifiant hardiment un des termes du problème. On sacrifiait le vêtement. On osait habiller d'une toge ou ne pas habiller du tout les héros. «L'habit de nature, c'est la peau, disait Diderot, plus on s'éloigne de ce vêtement, plus on pèche contre le goût.» Canova, Thorwaldsen et leurs successeurs l'avaient établi en principe. De même, quand Rude sculptait, au flanc de l'Arc de Triomphe, son héroïque *Départ*, il dépouillait le feutre emplumé, l'habit à la française, toute la défroque de 1792, et ne retenait des combattants que la passion qui les inspirait. Et c'était excellent.

Mais, si féconde que soit une tradition d'art, dès l'instant qu'elle est appliquée dans sa lettre et non dans son esprit par une foule de médiocres élèves, elle devient insupportable aux esprits indépendants et insuffisante aux délicats. Tel fut le sort du «nu» et du «drapé». Les innombrables effigies funéraires de Thorwaldsen en donnèrent le dégoût. On chercha un renouvellement dans la silhouette sculpturale du contemporain. On se demanda si le «nu» était bien une «loi» inéluctable,—et si d'ailleurs il y avait en art des lois que des novateurs hardis ne pussent enfreindre ou tourner. On chercha, de droite et de gauche, des exemples. On remarqua que le *Moïse* n'était point selon le canon de Polyclète, que le *Coleone* portait un autre costume que la toge et que les figures enthousiastes de Rude ne respectaient point les principes que Lessing avait cru découvrir dans le *Laocoon*. En même temps on montrait les Hollandais tirant un parti merveilleux de leurs sombres vêtements noirs. On citait Chardin pénétrant d'une poésie d'intimité les plus humbles recoins et outils de la vie familière. Dans toutes les régions de l'art, on apercevait que de prétendues lois n'étaient que des conventions. On avait cru ces lois de l'art absolues. Or, elles ne l'étaient pas. Donc, il n'y avait pas de lois absolues en art.

C'était une conclusion précipitée. Autant eût valu dire: on a cru que tel corps était simple; or, on a découvert qu'il était composé; donc, il n'y a pas de corps simple. Mais elle répondait si bien au besoin de réaction contre le pédantisme de l'école qu'on l'adopta d'enthousiasme et qu'on somma les artistes de s'y rallier. «Croyez-vous, écrivait Planche, que si Rubens et Van Dyck revenaient, ils ne sauraient pas tirer parti du costume français en **1831**? Nous renvoyons ceux qui en douteraient à tous les portraits parlementaires de Lawrence que nous connaissons par les gravures de Reynolds, Cousins et Maile. *L'art, quoi qu'on en dise, trouve à se loger partout*, tout lui obéit, tout lui cède quand il commande impérieusement.» Et Planche avait raison, s'il voulait dire que jamais un costume sévère, noir, monochrome, n'a été rejeté par un grand artiste comme inesthétique, mais il s'avançait beaucoup s'il en tirait argument pour le costume moderne. Car ce n'est point la couleur monochrome qui est inesthétique dans notre vêtement: c'est la ligne géométrique. Dès qu'on ne s'en tient pas aux analogies superficielles et qu'on cherche à serrer de près la question, en soumettant chaque terme à une attentive épreuve, on s'aperçoit que les prétendues dérogations à cette loi n'en sont point et que chacune, au contraire, de celles signalées par la critique moderniste confirme la vieille opinion des artistes ou,—pour parler plus simplement,—s'accorde avec leur instinct. Delacroix, qui avait pratiquement tout entrepris et qui, théoriquement, passait sa vie à creuser ces problèmes, le dit en termes plus forts qu'aucun classique n'en a jamais employé: *Il y a des lignes qui sont des monstres*, et il ajoute lesquelles: «la droite, la serpentine régulière, surtout deux parallèles. Quand l'homme les établit, les éléments les rongent. Les mousses, les accidents rompent les lignes droites de ses monuments. Chez les anciens, les lignes rigoureuses corrigées par la main de l'ouvrier. Comparer des arcs antiques avec ceux de Percier et Fontaine.... Jamais de parallèles dans la nature, soit droites, soit courbes.»

Et ces lignes, «qui sont des monstres», ne le sont cependant point en peinture au même degré qu'en sculpture. Car, dans l'une, elles sont dissimulées par l'ombre ou par la couleur et, dans l'autre, elles apparaissent dans toute leur beauté ou dans toute leur laideur. Le chapeau dit «haut de forme», par exemple, n'a jamais été un bien agréable accessoire pour les peintres et l'on ne peut guère citer que Delacroix dans sa *Liberté, Journée du 28 juillet 1830*, ou Goya dans quelques portraits qui en aient fait état. Partout où un grand artiste a tiré un parti satisfaisant du haut de forme: le *Portrait du grand bâtard de Bourgogne*, de Roger Van der Weyden, le *Médecin* ou le *Charlatan* de Steen, le *Portrait de M. Leblanc*, d'Ingres, on trouve que les lignes de la coiffe nullement parallèles n'offrent plus du tout l'aspect géométrique pur du chapeau actuel. Encore est-il beaucoup moins incommode à manier pour le peintre que pour le sculpteur. Le peintre peut le mettre dans l'ombre, il peut projeter sur lui des reflets qui en varient la silhouette, déployer à son profit toutes les magies de la couleur. En tout état de cause, comme il ne le montre que sur un plan, il peut tordre ses lignes dans le sursaut des raccourcis. Ainsi l'a fait Delacroix. Le sculpteur, lui, est tenu de le prendre tel qu'il est et de l'introduire dans son monument tel qu'il sort de chez le chapelier. Il ne peut ni le colorer, ni le dissimuler, ni le montrer sous un seul angle. En tournant autour du monument, le spectateur découvrira toujours le point où sa forme la plus fâcheuse apparaît. Par conséquent tel engin inesthétique peut être interprété par le peintre, sans qu'on puisse en tirer le moindre argument pour le sculpteur.

Cette différence essentielle n'a pas arrêté les théoriciens. Tenant pour établi comme Guyau que «l'utilité constitue toujours comme telle une certaine beauté» et que «tout ce qui est réel et vivant peut, dans certaines conditions, devenir beau»,—ils en sont venus à proclamer l'égalité devant l'Art de toutes les formes naturelles. «Le corps fût-il moins fort et moins beau que celui des athlètes de Polyclète ou des géants charnus de Rubens, déclare le philosophe, la tête aurait acquis une beauté supérieure. *N'est-ce donc rien, même au point de vue plastique, qu'un front sous lequel on sent la pensée vivre, des yeux où éclate une âme? Même dans le corps entier, l'intelligence peut finir par imprimer sa marque. Moins bien équilibré peut-être pour la lutte ou la course, un corps fait en quelque sorte pour penser posséderait encore une beauté à lui. La beauté doit s'intellectualiser pour ainsi dire.*»

Ce sont là des affirmations que rien, ni dans l'histoire de l'art ancien, ni surtout dans les tentatives de l'art moderne, à aucun degré, ne vient vérifier. Il est impossible d'en trouver un seul exemple qui résiste à l'examen. Quelle beauté un cerveau pensant peut-il bien imprimer dans un corps déjeté? Voilà ce que jamais aucun philosophe n'a pu nous dire et que jamais aucun artiste ne nous a fait voir.... Une beauté perceptible à notre âme, une force accessible à notre intelligence, oh! sans doute! Nous le voyons assez, et les arts qui s'adressent directement à notre entendement, comme la poésie, comme le drame, pourront nous révéler cette force dans un corps contrefait. Au théâtre, l'oreille entend les paroles qui nous révèlent la grandeur de l'âme logée dans une enveloppe débile. L'histoire ou le roman peuvent entourer l'avorton de tels prodiges que nous en venions à l'admirer. Mais le sculpteur, ne pouvant ni nous parler comme l'historien, ni nous faire voir une suite d'actions comme l'auteur dramatique, ne s'adressant qu'à nos yeux, ne peut rendre témoignage que de l'espèce de grandeur et de beauté que perçoivent les yeux.

C'est à l'historien qu'il appartient de nous montrer le prestige d'un saint Paul petit, laid, maladif, chassieux. C'est du poète que nous attendons la beauté d'un chimiste luttant contre la mort et lui arrachant, en même temps que son secret, la vie de plusieurs millions d'êtres humains. Pour le sculpteur, il ne peut nous montrer saint Paul athlète de la foi qu'en lui donnant des muscles d'athlète. Il ne peut nous figurer le chimiste terrassant la mort qu'en le douant d'une assez forte musculature pour triompher de ce prodigieux ennemi. Car, encore un coup, ces figures ne parlent pas et ne se prêtent pas à une série d'actions successives. Ce sont leurs proportions grêles ou puissantes, leurs attitudes languides ou contractées qui nous les révèlent. Si elles parlent, c'est seulement par le langage puissant, mais élémentaire, des formes que l'art peut leur donner.

Si commune et si connue que fût cette vérité, les philosophes de notre temps l'ont oubliée. La confiance qu'ils ont dans les destinées «intellectuelles» de l'art leur a fait généralement adopter le point de vue de Guyau. Ils ont tenu pour établi d'abord qu'il n'y avait pas de loi restrictive en art et que, par conséquent, aucune forme ne devait être proscrite de la statuaire contemporaine; ensuite, que tout ce qui est utile peut devenir beau et qu'ainsi tous les outils inventés par l'industrie moderne, tous les vêtements nécessités par le confort contemporain, avaient droit à la même place dans l'art que le cheval de Phidias ou que la toge de Décius.

On décida de les immortaliser. Les sculpteurs devinrent les copistes des tailleurs. Montrouge et Montmartre reçurent des modèles du quartier de l'Opéra. C'est ce que l'on appelle «se libérer de la tyrannie de l'École». Les places publiques d'Europe, depuis Glascow jusqu'à Naples, se couvrirent de bronzes fixant pour l'éternité la coupe de la redingote, et, au Campo-Santo de Gênes, les artistes italiens, prenant leur revanche sur Canova, firent éclater, dans le marbre fouillé par leurs ciseaux insidieux, la gloire des vestons à carreaux, des bottines vernies, des chapeaux mous, des cravates Lavallière, des breloques, des dentelles et des volants semés des larmes de gens fashionables récitant les prières des agonisants. Ce que la beauté des villes put gagner à cette exhibition ou à cette solidification des modes modernes, il suffit, pour en juger, de suivre, à Paris, d'un bout à l'autre, le boulevard Saint-Germain. Mais ce parti répondait si bien au désir moderne «d'intellectualiser» la sculpture, que nos meilleurs esprits et les plus délicats ne voulurent point en sentir la monstruosité. «Les vieilles timidités sont décidément surmontées, s'écriait M. Larroumet. Nos sculpteurs ne croient plus qu'il soit nécessaire de draper à l'antique des personnages qui ont porté le costume moderne; ils estiment que celui-ci peut avoir sa poésie. Cette victoire du réalisme dans la sculpture est en train d'aller fort loin. Elle a commencé par le costume militaire, d'assez bonne heure; on a renoncé à déshabiller les héros, sous prétexte de noblesse sculpturale. Puis on a osé conserver leurs costumes à des personnages civils *On n'aurait plus aujourd'hui l'idée bizarre de représenter Napoléon Ier les jambes nues, comme l'a fait Chaudet pour la colonne Vendôme, et Racine enveloppé d'un drap de laine, comme celui de David d'Angers à la Ferté-Milon....*» Cela paraissait définitif.

CHAPITRE II
Les résultats de la tentative.

Maintenant regardons les principales œuvres de sculpture parues dans ces dernières années. La première chose que nous constaterons, c'est que M. Rodin a dépouillé Victor Hugo de ses vêtements modernes, comme Chaudet avait fait Napoléon, et que «l'idée bizarre» de représenter un contemporain «les jambes nues» non seulement a survécu à Chaudet ou à David d'Angers, mais s'est revivifiée dans le plus puissant des novateurs.

Il y aurait beaucoup à dire du *Victor Hugo* de M. Rodin, et le moins que la critique puisse suggérer devant lui, c'est qu'une belle ébauche n'est pas un chef-d'œuvre, ni même toujours la promesse d'un chef-d'œuvre. Car, s'il est une vérité acquise en art, c'est que les qualités essentielles d'une prestigieuse esquisse se conservent difficilement quand l'œuvre, avec tous ses plans, est achevée. Conserver la synthèse naturelle de l'ébauche tout en développant l'analyse, garder l'enveloppe du monument en assurant la multiplicité des plans, les variétés d'aspects qui font la statue, c'est assurément la difficile épreuve, mais c'est aussi la tâche expresse de l'artiste. «On ne gâte pas en finissant, quand on est grand artiste», a écrit Delacroix. Et lorsque, pour s'en dispenser, on laisse entendre que le grand art consiste à réaliser seulement les qualités de l'ébauche, on ne fait que remplacer par une théorie ingénieuse l'absence de réussite et qu'ajouter à un défaut de réalisation une erreur de raisonnement.

On pourra donc regretter les inégalités du *Victor Hugo*, depuis la tête admirable et puissante qui rappelle invinciblement celle du *Soir*, que tous les visiteurs de Florence ont vue dans la froide sacristie de San Lorenzo, jusqu'aux pieds mous et ronds, perdus en une agglomération de contours flottants et nuageux. On s'étonnera du modelé singulier des omoplates. On se demandera ce qu'un prochain avenir pensera des enthousiasmes qui entourèrent le *Balzac*, qui entourent le *Victor Hugo*, si ces enthousiasmes ne paraîtront pas dans quelques années parfaitement inexplicables lorsque auront disparu nos idiosyncrasies passagères avec cet art et nos sentiments de réaction contre l'art habile, correct, photographique, impeccable, inutile et justement exécré de nos praticiens. On craindra, enfin, que les œuvres incomplètes de M. Rodin ne conservent pas dans l'avenir la place où nous les avons juchées et que, vantées par une littérature éphémère à l'égal de celles de Préault, elles ne tombent devant le goût permanent au même niveau où les œuvres de Préault sont tombées.

Mais, quand tout cela serait entendu, il n'en reste pas moins que le *Victor Hugo* témoigne, par toute son attitude et son geste à la fois puissant et contenu, d'une grande intention d'artiste. Les marbres de M. Rodin sont un peu comme ces montagnes où les guides vous avertissent qu'on peut démêler la ressemblance d'une figure humaine. Mais cela même est une vertu. A peine détaché de sa gangue de pierre, apparu comme une force même de la nature, le *Victor Hugo* est vraiment monumental. C'est une impression que les statuaires contemporains nous donnent si rarement, qu'il faut bien passer sur quelques surprises, quand il nous arrive de la ressentir. Un des bras, en se repliant et en se rétractant vers le front, ramasse toutes les énergies musculaires vers le centre où l'on imagine que siège la pensée, et c'est le geste du contemplateur. L'autre, tendu comme pour montrer, ou pour affirmer, ou pour imposer silence, se développant en longueur avec tout le reste du corps, semble indiquer une volonté agissante, et c'est le geste du tribun. Quiconque a des yeux, sans rien connaître de Victor Hugo, de sa vie, ni de son œuvre, sentira confusément qu'il se trouve en présence d'un homme méditatif et impérieux;—et c'est bien assez pour une œuvre de plastique.

De plus, autant qu'il est monumental, ce marbre est vivant. Il offre des effets picturaux d'ombre et de lumière très prononcés. «On ne comprend pas assez souvent, écrivait Ruskin en 1849, que sculpter n'est pas simplement tailler la forme d'une chose dans la pierre, mais que c'est y tailler *l'effet de cette chose*. Très souvent, la vraie forme, mise en marbre, ne ressemblerait plus du tout à ce qu'elle est en réalité. Le sculpteur doit peindre avec son ciseau. La moitié de ses touches doivent servir non à réaliser la forme, mais à la mettre dans le marbre en puissance. *Ce sont des touches de lumière et d'ombre.* Elles font saillir une crête ou s'enfoncer un creux, non pas pour représenter une saillie ou un creux qui existent actuellement dans la réalité, mais pour susciter une ligne de lumière ou une tache d'ombre. En un mode grossier, cette sorte d'exécution est très marquée dans l'ancienne sculpture française sur bois.»

C'est presque une définition de M. Rodin, et c'est bien la définition d'un artiste, comme, d'ailleurs, c'était bien d'une intention d'artiste qu'était sortie l'ébauche du *Balzac*. Et c'est ce même homme, si peu timide, si prompt aux innovations, qui, aujourd'hui, ayant à représenter deux contemporains, bien loin de chercher l'impossible dans le vêtement moderne, a enveloppé l'un, le *Balzac*, d'une draperie, et a dépouillé l'autre, le *Victor Hugo*, de tout vêtement.

Si nous considérons les plus récents monuments imaginés par des maîtres à la gloire de nos contemporains, l'admirable *Lamoricière* et le *Duc d'Aumale*, de M. Paul Dubois, le *Balzac*, de M. Falguière, l'*Alphonse Daudet*, le *Président Faure* et l'*Alexandre Dumas fils*, de M. de Saint-Marceaux, nous voyons qu'au lieu d'affirmer les lignes particulières du vêtement contemporain, l'artiste les a dissimulées. Une large couverture drape les jambes jusqu'au torse; la tête émerge seule clairement, le col rabattu suit l'inflexion du buste. Partout un modelé très doux atténue, émousse la géométrie des lignes et enveloppe comme d'un nuage le peu qu'il en laisse apercevoir.

Il l'est encore dans la pierre tombale du président Faure, par le même artiste. Là, ce sont les drapeaux russe et français unis par la main du mort qui ont servi à draper plus amplement la figure, bien que les lignes insupportables de l'habit se laissent voir trop nettement. Au salon de 1901, M. Dalou a drapé le plus qu'il était possible sa statuette de *Lavoisier*. Plus loin, dans un projet en plâtre d'un monument à deux industriels, il n'est pas jusqu'à un plan d'ingénieur déplié sur les genoux qui ne serve un peu à cet objet, bien que, là encore, toute l'ingéniosité du sculpteur, son don du mouvement, du pittoresque et de l'observation n'aient pas suffi à rendre sculptural un costume qui ne l'est pas.

Dans le monument de *Pasteur*, à la nouvelle Sorbonne, où l'on voit le savant assis, maniant le ballon de verre où son regard scrute le secret de la mort, M. Hugues a masqué la plus grande partie du costume par une couverture. Le *Victor Hugo* assis de M. Marqueste est hardiment anachronique. Il se carre dans une chaise romaine, enveloppé quasi tout entier d'un manteau qui dissimule son habit. Le peu qu'on voit du pantalon et de la manche libre colle au corps, enroulé, tordu, autour du bras ou du jarret. Le gilet bâille, un bouton est écrasé, le col et les manches ont perdu leur aspect. C'est un minimum de vêtement contemporain.

Si l'on veut faire la contre-épreuve, que l'on regarde les habits ajustés: par exemple, le *Baudin* en redingote, debout sur la barricade. Il manie ce chapeau haut de forme qui, figurant déjà sur la tombe de Victor Noir, par M. Dalou, paraît définitivement lié au sort de tous les grands agitateurs de notre temps. Peut-être les archéologues à venir, lorsqu'ils le trouveront accompagnant toutes les statues de révolutionnaires, et qu'ils en chercheront la signification, incapables d'imaginer qu'il ait jamais pu servir à coiffer une tête humaine, seront-ils tentés d'y voir un dangereux engin de destruction. Eh bien, ce n'est assurément pas le mouvement qui a embarrassé l'auteur du *Baudin*, ni le sujet: c'est le costume. C'est le costume aussi qui a rendu insurmontable la tâche entreprise par un autre de rendre épique le personnage du président Krüger.

Enfin, dès qu'un souci de ressemblance ne les lie pas absolument, nos artistes écartent tout costume moderne. Rappelez-vous ce que vous avez admiré dans les *Salons* depuis dix ou douze ans, vous trouverez que tous les beaux ouvrages plastiques de pierre ont représenté le nu ou des vêtements qui serrent de près la forme humaine, et sans rien d'essentiellement contemporain,—*les Mineurs* de M. Constantin Meunier, comme *les Ouvriers* de la frise du Travail de M. Guillot ou *le Secret* de M. Bartholomé.

Au Salon de 1899, il y avait une telle abondance de draperies imprévues, enveloppant des figures contemporaines, qu'on avait surnommé toute une région de la Galerie des Machines: «le coin des robes de chambre». Les œuvres les plus puissantes de la sculpture contemporaine, *les Bourgeois de Calais* de M. Rodin et le *Monument aux morts* de M. Bartholomé, sont précisément celles où n'apparaît que le nu et que le drapé. Plutôt que de figurer un *Guillaumet* en veston et en chapeau melon, M. Barrias a évoqué sur sa tombe une jeune fille de Bou-Saada que le peintre avait peinte au cours de ses voyages. Tout ce qu'on peut découvrir de draperie dans les accessoires de la vie moderne est utilisé pour masquer notre costume. Le drapeau a servi naguère à M. Paul Dubois, non pas seulement pour révéler ce qu'il y avait de patriote dans l'âme du Duc d'Aumale, mais surtout pour dissimuler ce qu'il y avait de fâcheux dans la coupe de son habit, et, si le maître avait pu étendre les plis glorieux jusqu'aux pieds, comme fit Rude avec le linceul de son *Cavaignac*, de façon à cacher le bout des bottes du général, il est permis de croire que son monument y eût encore infiniment gagné.

Il semble, d'ailleurs, que beaucoup d'écrivains, tout en professant l'excellence du costume moderne, aient tenté, par un instinct plus sûr que leurs théories, de s'en libérer un peu pendant leur vie et de fournir à leurs statuaires le prétexte d'en libérer tout à fait leur image après leur mort. Tel, Balzac avec sa robe de moine. Tel Alexandre Dumas fils, dictant ainsi, dans son testament, le thème sculptural dont M. de Saint-Marceaux a tiré un si beau parti: «Après ma mort, je serai revêtu d'un de mes costumes de travail, les pieds nus...», ce costume de travail étant une robe. En sorte que rien, dans la réalité, n'est venu confirmer les hypothèses favorables au vêtement contemporain depuis le jour, en 1846, où Gustave Planche félicitait Maindron d'avoir représenté, en redingote, Senefelder, l'inventeur de la lithographie. Dans ces cinquante ou soixante ans, l'expérience a été maintes fois tentée. Elle l'a été par des maîtres. Les résultats en couvrent nos places publiques. L'opinion unanime a jugé. Aujourd'hui, les maîtres ne la tentent même plus. L'échec est décisif.

CHAPITRE III
Pourquoi le vêtement moderne n'est pas sculptural.

Et pourquoi? Pourquoi le vêtement contemporain est-il si peu sculptural? Pour en trouver les raisons, il suffit de le considérer. D'abord, il est uniforme; il offre de grands espaces dénués d'ombre et de lumière. Là où le buste de l'homme se creuse, se renfle, se plie et se cambre au gré des muscles grand pectoral, grand dentelé, grand oblique, la redingote n'a qu'un plan. Là où le corps dit: relief, profondeur, polyèdre, ligne ondulée, accent d'ombre, rouages souples de la machine humaine affleurant à la peau, la redingote dit: cylindre. Le tailleur rectifie le buste de l'homme et apprend à la nature comment elle aurait dû construire les jambes: rectilignes. Car autant qu'il est uniforme, le vêtement moderne est artificiel. Non seulement il cache la forme humaine, mais il la contrefait. La toge ou le pallium, prêts à se modeler sur l'athlète ou l'orateur, ne sont rien sitôt tombés de ses épaules, tandis que notre costume est une caricature complète de l'homme; il a comme lui des jambes, des bras, un cou. C'est un anthropoïde.

Uniforme et artificiel, il est encore immuable. Tandis que les grandes lignes de la toge, diversement ondulantes ou serrées, changeaient de physionomie,—selon que le prêtre ramenait un peu de draperie sur sa tête, ou que le lutteur l'enroulait autour de son bras, ou que l'orateur la laissait tomber dégageant son buste, ou que le magistrat disposait par longs traits les bords contenant les bandes de pourpre,—le veston, lui, ou bien l'habit, reste identique à lui-même, que ce soit un homme d'État, un médecin, un chimiste, un escrimeur ou un poète qui entre dedans. Sa gloire est dans son indifférence pour le personnage qu'il recouvre et dans son imperturbabilité.

Ce contraste apparaît jusque dans le geste de l'homme pour se vêtir. Comparez un Arabe qui se drape avec un Européen qui entre dans son paletot. L'un fait un beau geste circulaire, souple, simple, conforme à la dignité du corps humain. L'autre est tenu à une série d'efforts lamentables et ridicules. D'abord, il lance un bras en l'air, puis l'autre, afin de se jeter désespérément dans ses manches. Ensuite, courbant l'échine et imprimant à tout son être une secousse de bas en haut, il n'offre aucune différence avec un oiseau lourd qui s'essaie à prendre son vol ou un nageur inexpérimenté qui se noie. Ce détail marque nettement la différence entre les deux costumes. L'homme antique dispose son vêtement sur lui. L'homme moderne est obligé de se disposer lui-même au gré de son vêtement. Quoi d'étonnant si celui-ci est si peu vivant?

Sans doute, il le devient, avec beaucoup de stratagèmes. M. Paris a réussi à faire vivre les lignes de l'habit de son *Danton*, du boulevard Saint-Germain, mais ce n'a été qu'en exagérant formidablement le geste du tribun. Encore maniait-il un habit plus souple que le nôtre. Avec la redingote ou le veston, il eût dû renchérir sur l'agitation du *Danton*. De par la rigidité de son enveloppe, le grand homme moderne est tenu, pour l'assouplir, de se livrer à de violentes pantomimes aussi peu conciliables avec le vrai caractère de la statuaire qu'avec celui de ses pacifiques occupations.

Monotone, immuable, artificiel, le vêtement contemporain est donc quelque chose de très particulier dans les annales du costume. Avant lui, tous les costumes dont l'art sculptural s'est servi suivaient d'assez près les proportions du corps humain, comme l'armure du *Coleone* de Verocchio ou celle du *Saint Georges* de Donatello, ou bien ils n'avaient pas de proportions du tout. Ce que le costume moderne a de particulier, c'est qu'il n'est ni modelé sur la forme humaine comme le costume de la Renaissance, ni dépourvu de forme comme le voile antique, et que, n'étant pas ajusté au corps, n'étant pas un «juste-au-corps», il est cependant anthropomorphe à sa manière, et que, s'il ne donne pas du tout l'idée d'un homme fait par la nature, il donne cependant celle d'un «bonhomme» dessiné par un couturier.

Sans doute, on a vu de beaux vêtements qui n'étaient pas construits selon la forme du corps humain. Tel est le cas du plus beau de tous: le vêtement antique. Seulement, c'étaient des vêtements sans forme aucune. La draperie antique est amorphe. Elle n'est rien par elle-même et doit tout à l'être qu'elle recouvre. Un voile léger, une calyptre jetée à terre est sans forme comme une nappe d'eau, mais, posée sur la tête d'une femme, tombant sur les épaules, sur les seins et jusqu'aux pieds, elle devient plastique. Comme cette même nappe d'eau tombant du haut d'un rocher, rebondissant en lignes courbes, s'étalant en vagues, se réduisant en longs filets liquides, se nouant et se dénouant comme deux cordes qu'un mouvement concentrique rapproche et sépare, se rejoignant comme des œils de plis, descendant par larges nappes, puis tombant droit aux pieds comme une averse de plis parallèles et se répandant en gros bouillons tout autour de la déesse, enfin, lorsqu'elle a trouvé son équilibre, demeurant toute plane sur le sol comme une eau tranquille qui ne bouge plus: telle est la draperie antique.

Étant amorphe, elle peut devenir plastique; étant une, elle est infiniment variable. Le corps ne fait pas la plus légère inflexion sans que le reflet en tressaille dans tous les plis. Toute statue antique, si elle ne porte pas dans le pli de sa toge la paix et la guerre, y porte du moins le souvenir du corps humain. Ce ne sont pas seulement les expressions prévues par Quintilien qu'elle donne: qu'un homme en toge lève doucement le bras, ce mouvement créera derrière lui une multitude de plis,—tel, le mouvement du vaisseau crée le sillage. Qu'au contraire, un homme en redingote le lève deux fois plus haut: la ligne inférieure de la jupe n'oscillera même pas. A peine, autour de l'épaule, se fera-t-il une légère grimace, une patte d'oie. Le mouvement sous une draperie, c'est une pierre jetée dans l'eau: jusqu'aux extrémités, des frémissements concentriques à la surface indiquent le geste qui s'est produit. Le mouvement dans un vêtement ajusté, c'est une pierre tombant dans du sable. Là où il se produit, il y a une légère perturbation, peut-être un froncement d'étoffe: c'est tout.

Un artiste ingénieux peut exagérer ce froncement. Il peut coller le tissu au corps pour le mouler comme a fait M. Marqueste dans son *Victor Hugo*, ou, au contraire, en faire flotter les extrémités pour l'animer; il peut imposer à son héros—poète, historien, chimiste,—une élégance ou bien une agitation qu'un modeste ou paisible savant n'a jamais connues: il n'arrivera pas à traduire les inflexions délicates et subtiles du corps. Il ne trouvera pas dans l'enveloppe moderne les éléments nécessaires à son œuvre. L'artiste qui veut traduire le corps humain par la redingote, c'est un écrivain à qui l'on donnerait pour traduire du Bossuet le code des signaux maritimes ou l'Esperanto.

Nous touchons ici à la loi esthétique fondamentale du vêtement humain. Il est esthétique dans la mesure où il est révélateur. La draperie, elle, révèle trois choses: ou bien la forme du corps,—quand elle adhère au corps sous la pression de l'air ou qu'elle est serrée par un nœud, comme dans les trois *Parques* du Parthénon;—ou bien son mouvement, quand elle flotte et suit le geste qui l'anime, comme dans les combattants du sarcophage de Sidon;—ou bien, à la fois, sa forme et son mouvement, quand elle adhère au corps et se déroule en le suivant, comme dans la *Victoire* de Samothrace. Le pli tombant est également indicateur de grandes lois naturelles. S'il tombe droit, comme dans les figures des portails de nos cathédrales, il marque la loi de gravitation. S'il ne tombe pas droit, mais par sursauts, il marque à la fois la loi de gravitation et la forme du corps humain, c'est-à-dire la lutte infiniment complexe entre la pesanteur qui veut des lignes verticales et la résistance qui veut des lignes horizontales. S'il ne tombe pas du tout, s'il flotte, il marque le mouvement de ce corps et la force de l'air.

En regard de ces indications subtiles, mais précises, perçues par l'esprit inconsciemment, en regard de ces phénomènes éternels—les plus hautains individualistes nous permettront-ils de dire de ces «lois» éternelles qui régissent la vie?—examinons ce que marque la redingote, c'est-à-dire le vêtement ajusté? Il ne marque rien. Il ne révèle pas le corps, puisqu'il le cache sous une carapace de même diamètre, là où la nature a modelé des épaisseurs de proportions très variables. Il ne révèle pas le mouvement, puisqu'il est construit précisément en vue d'éviter les plis, qu'on appelle tous des «faux plis» et qu'il faudrait un désordre inouï dans l'âme d'un homme pour qu'il s'en manifestât un quelconque dans sa toilette. Il ne marque pas la marche, trop lourd pour flotter et d'ailleurs retenu par les boutons, qui sont les gendarmes du costume moderne. Aux jarrets, il est rectificatif de la nature et—jambes de coq ou mollets d'Hercule, jarrets du montagnard ou jambes du danseur—il confond tout dans le même cylindre égalitaire, imperturbable et prévu.

Puisqu'il ne marque rien de réel ni de voulu par la nature, que marque donc l'habit ajusté? Eh! c'est fort simple! il marque un idéal: l'idéal du tailleur qui l'a fait.

Quel est-il donc, cet idéal, pour avoir produit un costume uniforme, artificiel et inexpressif? Voici le dernier terme de la question. Croit-on que ce soit le hasard qui ait produit et qui maintienne, malgré tous ses défauts, ce vêtement contemporain? Ne voit-on pas que ce sont ses défauts mêmes qui le rendent populaire et que c'est précisément parce qu'il est uniforme et inexpressif, c'est-à-dire égalitaire, qu'il est contemporain? C'est précisément parce qu'il confond, sous la même apparence, le torse musclé et la poitrine étriquée, les épaules larges et les épaules fuyantes, le bras vigoureux, le jarret nerveux et les membres déjetés, les genoux cagneux, c'est expressément parce qu'il revêt les êtres les plus dissemblables d'une semblable laideur, que ce vêtement s'impose à notre temps et à notre société. Ce défaut lui est consubstantiel, c'est sa raison d'être; c'est, aux yeux des contemporains, sa qualité. La fiction de l'égalité des hommes devient réalité dans les costumes. Tout essai de rendre plus plastique le costume ferait apparaître l'inégalité physique des individus: aussi est-il repoussé. Notre costume contemporain aurait bien manqué son but, s'il pouvait s'allier à la Beauté. Il a été construit contre la Beauté.

Il est donc bien, lui-même, une mauvaise œuvre d'art. Il ne faut donc plus parler d'un fait réel et vivant à interpréter par l'art comme un arbre, un visage, un légume, un monstre naturel, un serpent ou un rocher. Non. Il s'agit d'une mauvaise œuvre d'art à reproduire en fac-similé. Voilà où dévie la théorie que tout ce qui «est réel et vivant peut devenir beau». Elle conduit, pratiquement, à introduire dans l'art une forme qui n'est ni réelle, ni vivante, qui est artificielle et morte, et à subordonner l'œuvre du statuaire aux lois posées par un tailleur,—lois d'ailleurs très précises, très impératives, texte impossible à interpréter, à tourner. Le tailleur est le statuaire de l'habit ajusté, comme le statuaire était le tailleur de la draperie. C'est donc le tailleur qui dicte la statue. Prétendre qu'on peut interpréter son œuvre, c'est proprement dire qu'on peut interpréter la forme d'un poêle Choubersky. Devant une forme aussi mathématiquement définie, il n'y a que deux partis à prendre: la surmouler ou la supprimer. Si on la surmoule, c'est le tailleur qui fait la statue. Si on la supprime, il n'y a plus de vêtement contemporain.

Rien de tout cela n'est assurément une découverte. Et les esprits peu compliqués, pour qui ces lois n'ont jamais cessé d'être évidentes, trouveront sans doute superflu le soin qui est pris ici de les rappeler. Mais il suffit de parcourir quelques pages de critique d'art contemporaine pour sentir que, bien loin d'être superflu, ce soin est le plus nécessaire dans un moment où la simplicité des impressions est si fort méprisée et la recherche de l'originalité si commune et si vulgaire, que le moindre rappel d'une vérité claire paraît un paradoxe ou une nouveauté.

Les artistes, heureusement, s'en sont souvenus mieux que les critiques. Un instant égarés par le désir tout intellectuel et non esthétique d'exprimer les mœurs de leur temps par le vêtement contemporain, ils abandonnent cette voie fausse, guidés par un instinct plus sûr que les plus brillantes théories. S'il était permis au passant attristé de faire entendre un seul mot, parmi tant de conseils qui leur sont journellement prodigués, ce serait un mot de défiance à l'égard de ces conseils et de confiance en eux-mêmes.— Ne vous inquiétez pas, leur dirions-nous, de représenter les mœurs de votre temps, ni ses aspirations sociologiques; inquiétez-vous de représenter ce que vous trouvez beau dans tous les temps, selon les aspirations qui sont les vôtres, qu'elles soient ou non celles du monde où vous vivez! Soyez sincères, c'est-à-dire soyez artistes, et soyez de votre art avant d'être de votre temps! Ne vous laissez pas détourner de votre chemin par ceux qui vous diront que les anciens furent grands parce qu'ils exprimèrent leur race, leur morale, leurs costumes, leur vie. Peut-être est-ce vrai, mais rien n'est moins prouvé, et en toute hypothèse, cela ne peut vous servir de rien. Allez tout simplement à ce qui vous paraît beau, comme le fleuve va à la mer, comme l'oiseau vole à l'épi chargé de grain. Si la draperie vous plaît mieux que la redingote, jetez la draperie sur les épaules de vos héros. On en sourira pendant trois jours, mais les années le garderont, car votre héros ne sera tenu pour grand que si vous l'avez fait beau. Osez toutes les inconséquences si elles servent votre dessein. Repoussez toute logique si elle se résout en une forme sans grâce. Et croyez qu'il n'est pas une «lumière intellectuelle» qui tienne devant le galbe d'un beau bras dressé pour assurer l'équilibre de l'amphore,—ni une intention qui vaille un pli souple tombant de l'épaule aux pieds de la plus humble statuette de Tanagra!

CHAPITRE IV
Comment représenter un grand homme contemporain.

N'est-il donc aucun moyen pour le sculpteur de figurer l'homme moderne et doit-il nécessairement, s'il veut rendre honneur à un contemporain: chimiste, ingénieur ou psychologue, lui donner les muscles du *Discobole* et la pose de l'*Apollon*?

Ce n'est assurément pas nécessaire, ni même désirable. Mais autre chose est la conformation, le geste, l'attitude, les inflexions d'un savant moderne, qui lui sont imposés par ses préoccupations, par ses travaux, par ses émotions, autre chose sont ses cols, ses cravates, ses vestons, ses pantalons, ses bottines, qui pourraient être tout autres, quand l'homme aurait les mêmes travaux, les mêmes soucis, les mêmes émotions, et qui ne lui sont imposées que par son tailleur. Il ne faut pas confondre les caractéristiques de la vie moderne avec les artifices inutiles et incommodes qui coïncident avec la vie moderne. Celles-là sont inévitables et influent sur la musculature même de l'homme: c'est-à-dire sur ce qui est sculptural en lui. Ceux-ci sont tout arbitraires et n'influent que sur son aspect le plus superficiel.

S'il était vrai que le costume moderne est suffisant et nécessaire à révéler ce qu'a de particulièrement sensible, affiné, nerveux, inquiet, méditatif, notre contemporain devant les grands problèmes de la vie, sans doute faudrait-il dire que le peuple de statues endimanchées qu'on voit au *Campo-Santo* de Gênes donne une idée plus juste de l'homme moderne que les figures sans vêtements et sans date de l'admirable *Monument aux Morts* de M. Bartholomé....

Personne ne le dira. Il y a, dans ces figures rampantes ou suppliantes, dressées ou prosternées: *A l'entrée du Mystère*, au Père-Lachaise, une anatomie particulière, des inflexions, des gestes que difficilement l'Antiquité ou la Renaissance eussent imaginés. Tout y est oublié de ces pompeux désespoirs où les statuaires funéraires du XVIII^{e}siècle déployaient la gloire des draperies, la délicatesse des dentelles, la science du squelette; tout y a disparu de ces honneurs auxquels «il ne manque que celui à qui on les rend». Au contraire, tout y témoigne bien de la méditation de l'homme moderne devant cette porte, soit qu'elle s'ouvre sur ce que le chrétien a tant de fois rêvé, soit qu'elle mène à ce «néant tranquille de la mort où l'homme se reposera du néant troublé de la vie». Ces figures, une autre époque ne les eût ni inspirées ni comprises. Sans costumes qui leur assignent une date, les figures de M. Bartholomé appartiennent clairement à notre temps, à un moment de l'humanité.

Ce que M. Bartholomé a su faire dans son *Monument aux Morts*, nos statuaires ne peuvent-ils donc le tenter, lorsqu'ils glorifient la vie? Ne peuvent-ils trouver des gestes, des attitudes qui témoignent particulièrement des travaux, des émotions de l'homme moderne? Faut-il donc un uniforme pour distinguer un médecin d'un orateur, comme il en faut un pour distinguer un artilleur d'un cuirassier? Et nos grands hommes contemporains n'ont-ils pas de gestes et d'attitudes qui leur soient propres, par où la sculpture puisse exprimer leur modernité?

La réponse dicte le parti à prendre. S'ils en ont, que le statuaire l'exprime, et s'ils n'en ont pas, qu'avons-nous besoin de statuaire? Qu'on fasse leur biographie, mais non leur statue! Qu'on dresse un monument à leur idéal, à la chimère de leur vie, quitte à imprimer, au piédestal de ce monument symbolique, un médaillon représentant leurs traits! Le médaillon gravé par M. Roty suffirait, par exemple, dans un monument à Pasteur, tandis que, sur le piédestal, l'artiste dresserait la figure de ce que rêva ou ce qu'accomplit Pasteur. Quelle figure? dira-t-on. C'est à l'artiste de la concevoir. Et peut-être n'est-ce point une chose facile que de montrer, par exemple, *la Science luttant avec la Mort*, mais assurément le résultat en serait moins incertain et moindres les chances de ridicule que de vouloir ennoblir la redingote ou rendre épique le haut de forme du savant.

Considérons les figures symboliques de Puvis au grand amphithéâtre de la Sorbonne, par exemple, la philosophie spiritualiste et la philosophie matérialiste: il serait facile de mettre sous ces figures des noms de philosophes contemporains. Pourquoi le sculpteur n'obéirait-il pas à une même inspiration et, lorsqu'il a quelque philosophe contemporain, un Renan ou un Jules Simon, à immortaliser, ne dresserait-il pas sur son monument une de ces figures qui sont sculpturales, à la place du savant qui ne l'est pas? L'honneur serait-il moindre pour le grand homme parce qu'on ne verrait pas son gilet? Ce qui est précieux chez un savant ou un philosophe, c'est sa découverte ou sa pensée. Ce n'est pas la coupe de ses habits. C'est le résultat de ses veilles et de ses travaux connu du monde entier, et c'est leur souvenir exprimé par le marbre que le monde entier reconnaîtra. Ce n'est pas le résultat des travaux et les veilles de son costumier. Si, comme on le prétend, c'est le visage qui reflète toute la grandeur de l'homme moderne, c'est son visage seul qu'il faut immortaliser. Si c'est son corps tout entier, le costume y est indifférent. Si ce n'est ni l'un ni l'autre, et si toute sa grandeur consiste dans sa pensée, c'est donc bien sa pensée qu'il faut figurer sur son monument....

Et si l'on objecte que, pour figurer la pensée d'un politique, il faudrait qu'il en eût une, ou l'action d'un ministre, il faudrait qu'il eût fait quelque chose, et que, si les milliers de célébrités qu'on érige en marbre ont possédé chacune un visage qu'on peut reproduire, il serait fort difficile de leur trouver à toutes un rêve ou une pensée qu'on pût symboliser, nous dirons qu'en ce cas on serait quitte pour ne rien figurer du tout.... Et l'on ne voit pas ce qu'y perdraient l'Art, l'Histoire, la chose publique.... Il n'est pas nécessaire que tout grand homme ait une statue, mais il est nécessaire que le goût ne soit point perverti par les apparitions grotesques et immuables qui s'entassent dans nos cités. Il n'est pas indispensable d'enseigner à l'avenir des centaines de noms inconnus au présent, mais il ne faut pas qu'un même signe évoque, chez nos descendants, les meilleurs de nos contemporains avec les pires des formes esthétiques, ni que le souvenir de l'héroïsme ou du génie se confonde, dans leurs imaginations, avec celui de la laideur. Enfin, il n'est pas démontré que la statuaire ne doive représenter que le drapé ou le nu, mais il semble bien établi qu'il est des formes artificielles dont l'art ne peut tirer aucun parti, et que, s'il n'y a pas autant de «lois» esthétiques, peut-être, qu'on l'a quelquefois professé, il y en a tout de même quelques-unes qu'il faut suivre,—et non point parce qu'elles dérivent d'un code et qu'elles sont admises par l'Institut, mais simplement parce qu'elles dérivent de la nature même des choses et qu'elles sont des nécessités.

QUATRIÈME PARTIE
LA PHOTOGRAPHIE EST-ELLE UN ART?

LA PHOTOGRAPHIE EST-ELLE UN ART?

Quelque chose a changé dans l'Esthétique du noir et du blanc. Un mouvement nouveau entraîne les photographes hors et à rebours des voies où ils avaient accoutumé de cheminer jusqu'ici. Ce mouvement est international. Tant à Vienne qu'à Bruxelles, et à Londres qu'à Paris, aussi bien sur les terrasses de Taormine en Sicile qu'en Nouvelle-Zélande sur la côte d'or de Coromandel, partout où il y a des photographes, ils semblent préoccupés de recherches que les chimistes ignorent, et agités d'inquiétudes que leurs devanciers n'avaient pas connues. Ils flânent plus volontiers en plein air, par les bois, les plaines et les grèves, même dans les lieux sans monuments et à des heures sans soleil. Que cherchent-ils? Si un vieux professionnel de la chambre noire les suit et les observe, il s'étonne et se scandalise. Il les voit s'arrêter devant un espace vide de «site», un néant; quelque lande aux bruyères fleuries, quelque bord d'étang «où les joncs agités font un éternel murmure». Là, il aperçoit avec horreur que ces jeunes confrères violent toutes les règles de la profession. Ils se placent à contre-jour, en face du soleil. Ils ne mettent pas rigoureusement au point. Chose incroyable, il arrive qu'ils ne se servent pas toujours du système de lentilles qu'on nomme l'*objectif*!

S'il pénètre dans leur atelier, l'étonnement n'est pas moindre. Où est le vitrage en manière d'aquarium, et le jeu de rideaux, et la lumière crue indispensable à un «bon cliché»? Où est le carcan de fer pour maintenir la tête du patient, et le banc rustique, et la colonne torse, et le balustre? Où sont ces boîtes de carton, en polyèdres, simulant des rochers, et la cascade peinte sur la toile de fond, toutes choses qui, dans nos vieux albums de photographie, environnent d'un travestissement uniforme et lamentable les figures disparues que nous avons aimées?... Rien de tout cela, mais une simple chambre, orientée au hasard, parfois au midi, des tapisseries effacées, et, éparses çà et là, des choses gaies, fines, surannées, des péplums, des calyptres, des tuniques, des vertugadins, des anaboles, des collerettes pierrot, des chapeaux de nos mères-grands, des ridicules qui émerveillaient les merveilleux du Directoire, et des mouchoirs qui saluèrent la rentrée des vainqueurs d'Austerlitz,... ou bien, moins encore, de simples bandes, des lés de mousseline et de gaze, de satinette et de velours de coton, des choses amorphes et changeantes, comme le cabriolet de Miss Helyett et le feutre de Tabarin, des buissons de rubans, des brassées de fleurs, dans un désordre d'archéologue ou de couturier....

L'homme qui manie ces choses est-il un photographe? Il n'a point le ton sévère et impératif de l'ancien opérateur qui glaça, du mot de Gorgone, tant de générations d'enfants au brassard frangé ou de jeunes mariés aux mains prises dans des gants trop étroits: «Ne bougeons plus!» Non, ceux-ci aiment tout ce qui bouge: le nuage et la feuille, et l'eau, et le regard, et le sourire.... Le voile noir qui couvrait leurs épaules est tombé, et ils apparaissent à la foule moins magiciens, mais plus hommes. Ils ne parlent plus par $C^{12}H^6O^4$, mais par versets de poètes ou d'esthéticiens. Ils citent moins Herschel que Stendhal et moins Janssen que Fromentin. Ils ne fuient pas les artistes. Ils causent volontiers avec eux, et non plus en pédagogues, l'index en l'air, avec la prétention de leur enseigner les vraies attitudes de l'homme en marche ou du cheval au trot, mais, au contraire, en disciples, avec le désir de profiter de l'expérience des maîtres et d'écarter de la réalité tout ce qui n'est pas conforme à l'idéal.... Enfin, ils travaillent, au jour, une seule épreuve un temps infini. C'est alors que l'indignation du vieux professionnel ne connaîtrait plus de bornes. Car il les verrait penchés sur une plaque semblable à celle du graveur, durant plus d'une heure pour chaque épreuve, se livrant à des besognes que ne désavouerait pas un aquarelliste.... Ne serait-ce pas des «retouches»? Encore une fois, que cherchent-ils?

Ce qu'ils ont trouvé est plus surprenant encore. Quiconque est entré dans une des plus récentes expositions du Photo-Club, à Paris, ou du Link Ring, à Londres, du Camera Club, à Vienne, ou de la Société belge de photographie, à Bruxelles, en est sorti stupéfait qu'un procédé vieux de soixante ans et qu'on pouvait croire épuisé semblât se renouveler jusqu'à une renaissance. N'y avait-il pas là un art modeste, sans tapage, sans manifeste, mais à demi créé, balbutiant les premiers mots d'une langue inconnue? La foule, sans chercher de raisons, a tôt fait de dire son avis: devant les œuvres de MM. Robert Demachy, Constant Puyo, Maurice Bucquet, Maurice Brémard, Alfred Boissonnas, H. Erfurth Steichen, Miss Mathilde Weil, Miss Ema Spencer, MM. Guido Rey, Murchison, Arning, P. Bourgeois, da Cunha, Coste, Naudot, Jacquin, Horsley-Hinton, Holland Day, Mme Binder-Mestro, Mlle Laguarde, Alfred Maskell, Frederick Hollyer, Craig-Annan, Le Bègue, Bergon, Colard, Calland, Watzek, Sollet, Alexandre, la foule a admiré, tout uniment. Pourtant, çà et là, apparaissent des figures inquiètes.... Des artistes, peut-être, troublés comme des gens qui auraient aperçu, se profilant sur l'horizon, aux confins de leur domaine, la silhouette des fourriers d'une invasion?... Des critiques d'art, qui, toute leur vie, montrèrent, par des syllogismes fort bien ordonnés, que *jamais* la photographie ne pourrait donner des résultats équivalents à ceux de l'eau-forte ou du fusain, et qui n'entendent autour d'eux que ces mots: «On dirait une eau-forte!... On dirait un fusain!» Des idéalistes enfin, qui se demandent, attristés par cette intrusion nouvelle de la science, ce que va devenir, parmi tout cet appareil chimique d'émulsions et de révélateurs, dans toute cette gomme bichromatée ou dans ce paramidophénol, les traditions fines et nobles du grand art, l'inspiration personnelle et innée, la part de l'âme, l'idée?...

Avec eux et avec tous ceux qui aiment le Beau, abordons ce problème. Demandons-nous pourquoi la photographie, jadis unanimement méprisée par les artistes, se trouve aujourd'hui sur les confins mêmes de l'art. Cherchons si l'opérateur prend une part nouvelle dans le phénomène chimique et mécanique qui s'accomplit. Examinons si cette part est suffisante pour qu'elle lui permette d'y imprimer sa personnalité. Enfin, tâchons de déterminer à quoi tend ce mouvement, et s'il marque un nouveau progrès du naturalisme sur les traditions idéalistes et classiques de l'ancienne école française; ou bien si, au contraire, il ne serait point, par une évolution singulière et inattendue, un témoignage éclatant de leur vitalité.

CHAPITRE I
Les défauts de la photographie.

On a dit beaucoup trop de mal de la photographie, et pas assez des photographes. Il est très vrai que la photographie, telle que nous la connaissons d'habitude, a mille défauts qui sont la négation même de l'art, sans être le moins du monde l'affirmation de la Nature. Elle n'est pas plus près de la vérité que de la beauté. Elle exagère la perspective à ce point qu'une grande route, prise de face, fuyant droit vers l'horizon, ressemble à une pyramide, qu'une table carrée vue de la même façon paraît quasi triangulaire, et qu'une main tendue vers vous est plus grosse que la tête de l'ami qui vous la tend. Elle traduit si malencontreusement les couleurs les plus nécessaires, qu'un toit rouge clair devient noir, pendant que le ciel bleu foncé devient blanc. Elle supprime ainsi le ciel et la mer du Midi, et dès qu'un ton aussi important vient à manquer, toute la gamme est fausse. Les caps sacrés, qui se profilaient doucement sur le ciel, se découpent comme des écrans devant le feu; les bateaux noirs, qui s'harmonisaient avec le flot bleu sombre, semblent des mouches tombées dans du lait. Les feuilles dorées de l'automne et les raisins blancs bien mûrs deviennent quelque chose de noir comme des gouttes d'encre sur du papier. Un effet de soleil apparaît si éclatant, qu'on le prend pour un effet de neige. Un arbre vu à contre-jour est si furieusement sombre, qu'on ne distingue rien de son modelé et qu'il paraît une plaque de tôle, plate et enfumée.

Puis, ayant négligé ainsi la vérité sur les points capitaux, la photographie devient d'une exactitude indiscrète et cancanière sur les détails dont on n'a que faire. Comme l'*Intimé des Plaideurs*, elle passe sur le principal de la scène esthétique, seul objet où vont les yeux et le cœur, et s'étend longuement et complaisamment sur les brindilles, les fétus, les faits étrangers à la cause. Elle compte sottement tous les cailloux de la grève, quand elle fut incapable de donner des eaux du torrent une idée autre que celle d'une chevelure grise qui traînerait par terre. Précise et stupide comme une statistique, elle dénombre les feuilles des arbres en les découpant lourdement sur le ciel comme si elles étaient de fer. Aussi bien, ne peut-on trop mépriser la sécheresse de son trait; le brillant de ses noirs et de ses blancs extrêmes, plaqués les uns contre les autres, sans échange de reflets, sans intervention de clairs-obscurs; enfin la monotonie de son rendu, partout le même, sans un accent, sans une vibration des *mortalia corda* où se montre une impatience, une joie, une défaillance; cette lamentable perfection, égale dans mille épreuves, où tout ce qui est mécanique se retrouve et à qui tout ce qui est humain semble étranger....

Ces reproches sont justes; mais qui les mérite? La photographie ou les photographes? Le soleil, ou le laboratoire obscur? Les photographes ont-ils bien fait tout ce qu'il fallait pour éviter ces erreurs? Un court examen suffit pour voir qu'au lieu de les fuir, ils les ont recherchées. Pour eux, la sèche définition du trait, non seulement n'est pas un défaut, mais une qualité. C'est ce qu'ils appellent faire *net*, et ce qu'ils ont, au contraire, toujours considéré comme un défaut, c'est le *flou*, terme de mépris qui, dans leur langage, voue à l'exécration publique la grâce, l'indécision, la fraîcheur, ce que les artistes recherchent d'abord. Quand, dès 1853, sir William Newton et plus tard MM. John Leighton et Buss soutinrent devant les sociétés de photographie de leur pays que tous les plans ne devaient pas être également nets et que certaines lignes devaient se profiler à peine sur le fond, ils soulevèrent une tempête de protestations. Sacrifier une herbe, un cheveu, un caillou, jamais! L'idée directrice des photographes était alors, comme hier encore, que plus une épreuve montre de détails, plus elle est belle, et plus nettement elle les montre, mieux son but est rempli. Il faut que, devant la photographie d'une ville, on puisse compter toutes les maisons, et dans chaque maison toutes les fenêtres, et dire: Voici la mienne, et le contrevent est à demi fermé! Tous les perfectionnements de diaphragmes, de plaques, de révélateurs et de papiers lisses et brillants ont été faits pour obtenir un détail plus minutieux, une opposition de noir et de blanc plus tranchée, des silhouettes plus découpées, une documentation plus rigoureuse;— toutes choses qu'en effet la science réclame pour ses enquêtes, mais que l'art proscrit. Quoi d'étonnant si tant d'efforts pour le laid ont été couronnés de succès!

La même tendance s'observe pour les exagérations de perspective. On a beaucoup parlé des défauts de l'objectif et de «l'aberration de sphéricité»; mais quand donc parlera-t-on de l'aberration des opérateurs? Il est très vrai que certains instruments distordent les lignes droites dans les coins de l'image, mais pourquoi choisir ces instruments? Si l'on remarque des exagérations de perspective dans les objectifs à grand angle, pourquoi ne pas choisir des objectifs à petit angle qui, eux, ne donneront pas ce résultat monstrueux? Et si l'objectif est à grand angle, pourquoi le placer si près de la chose à photographier que les lignes principales partent du bas même de l'épreuve, et soient agrandies ainsi à l'excès au bord inférieur de l'image, puis diminuées à l'excès à mesure qu'elles montent et fuient vers l'horizon?—Pourquoi? Simplement parce que le photographe a voulu comprendre le plus de choses possible dans le champ de l'appareil, afin de voir à la fois ce qu'il y a à ses pieds et ce qui plane au-dessus de sa ligne d'horizon. Parce que, dans son désir d'enregistrer un grand nombre de détails, et dans son ignorance profonde de la loi des sacrifices nécessaires, il veut embrasser avec l'œil de son objectif plus qu'il ne peut le faire d'un seul regard de ses propres yeux. C'est ainsi que, dans les épreuves dont la perspective nous choque, la photographie a été forcée d'enregistrer plusieurs plans que le photographe n'apercevait pas d'ensemble, et qu'il n'aurait jamais dû réunir dans son image, ne les réunissant pas dans la réalité. Là est le défaut, mais il ne tient pas à l'objectif: il tient, au contraire, à ce qu'il y a de plus «subjectif» dans l'opérateur: son sentiment faux de la beauté. Donnez à ce photographe un crayon: il fera, en dessinant, les mêmes erreurs. Donnez à un artiste cet objectif: il ne les fera pas.

Ce qu'il ne fera pas non plus, c'est un paysage sans ciel, comme ce fut jusqu'à nos jours la règle de tout bon manieur de collodion ou de gélatino-bromure. Et, là encore, est-ce bien l'appareil qu'il faut accuser de cette étrange suppression du ton local le plus nécessaire ? Assurément oui, quand il s'agit d'un ciel bleu, car cette couleur impressionne si fortement la plaque qu'il ne reste rien sur cette plaque pour donner un ton à l'épreuve, et qu'ainsi tout ce qui était bleu dans la nature devient, dans l'image, blanc. Mais on a plusieurs moyens de parer à cet inconvénient. On a les verres de diverses couleurs, permettant de faire poser longtemps devant la plaque les couleurs qui viennent trop lentement, sans laisser passer un seul rayon de celles qui viennent trop vite. On a encore la ressource de développer plus ou moins toute une partie du cliché. On peut enfin, si l'on se sert de papiers charbon-velours ou de papier à la gomme bichromatée, réserver, dans le dépouillement, un ton pour tout le ciel. Et, bien avant qu'on parlât d'écrans orthochromatiques ou de gomme bichromatée, un Anglais, M. H. P. Robinson, étendait des ciels d'un ton très ferme et nuancé sur tous ses paysages. On voit donc que l'absence du ton du ciel, chez les photographes d'autrefois, n'était pas uniquement due à l'imperfection de la photographie, mais à leur négligence.

De même, s'ils s'interdisaient les grands effets de lumière, les effets à la Turner et à la Claude Lorrain, en enseignant qu'il faut toujours tourner le dos au soleil, ce n'était point qu'ils craignissent le *halo* ou des accidents semblables. C'était qu'ils se souciaient aussi peu d'effets à la Turner que d'un ton juste pour le ciel. Et ils s'en souciaient peu, parce que ces effets artistiques ne s'obtiennent en général qu'aux dépens de la minutieuse et scientifique définition des détails. Frappées de face par les rayons du soleil, les veines d'un caillou, les brindilles d'un buisson reluisent plus exactement. Et dans la représentation de la figure humaine, ce n'est pas un effet caractéristique et vigoureux qui permet de tout apercevoir, c'est un éclairage égal, tendre et mou. Pour les photographes, non seulement l'accent n'est pas nécessaire, mais il est nuisible, et s'ils aperçoivent dans le cliché, sur le masque humain, un trait un peu vif, une ride un peu soulignée, un relief un peu bossué, ils l'enlèvent d'une retouche savante, afin que l'épiderme s'arrondisse également à la ressemblance d'une baudruche gonflée et que l'ombre se dégrade sur l'ovale d'une joue comme sur la panse d'un ballon.

Tout cela tenait au photographe au moins autant qu'à la photographie. C'est pourquoi les artistes n'avaient point tort en condamnant les épreuves qu'on leur mettait sous les yeux ; mais ils allaient peut-être un peu vite en déclarant que le procédé ne pouvait en donner d'autres. Le jour où des hommes d'un goût sûr sont venus et ont laissé là les dogmes photographiques, des œuvres fines, délicates, harmonieuses ont paru. On ne retrouve plus aucune perspective exagérée dans les scènes d'intérieur de M. Puyo, ni de «noirs bouchés» dans celles de M. Demachy, ni de détails inutiles dans les paysages de M. Bucquet, ni de chairs molles et rondes dans les figures de M. Maskell, de M. Kuhn, de M. Holland Day ou de M. Hollyer. Les ciels de MM. Henneberg et Horsley Hinton sont animés, vigoureux, plafonnants. Là même où le ciel est bleu dans la Nature, son image est traduite dans l'image par un ton assez fort pour que les maisons, blanches, s'enlèvent, *en clair*, sur le ciel, comme dans le *Brompton Road* de M. Calland. La manie de l'inventaire et le goût du procès-verbal ont disparu. Les artistes ont cherché, non plus le détail, mais l'ensemble, non plus l'accumulation des faits, mais la simplification de l'idée. Ils ont choisi, non les heures ensoleillées où tout se voit, mais celles voisines du crépuscule où quelque chose se laisse deviner. Ils se sont rappelé que c'est une erreur, en art, que de vouloir tout définir, parce que, devant une chose définie, il ne reste plus rien à faire pour l'imagination. L'indéfini, au contraire, est le chemin de l'infini. Telle vallée, tel coteau, telle jetée sur la mer, objet banal si l'on en saisit tous les contours et si l'on en apprécie toute l'économie, devient, à demi voilé par la brume, une chose désirable parce qu'elle est moins possédée, curieuse parce qu'elle est moins connue. Le *flou* est justement au *net* ce que l'espoir est à la satiété. Il est l'équivalent, en art, d'une des choses les plus aimées de la vie: cette délicieuse incertitude d'une âme où déjà pénétra l'espoir et où l'assurance n'est pas entrée encore; où le désir qui commence d'apparaître comme réalisable n'a pas cessé d'être avivé par les obstacles à sa réalisation; où tout se promet et où rien ne se donne, où tout se devine et où rien ne s'avoue; où les figures et les paysages, et le ciel et la terre, et l'amour même apparaissent selon les incertaines suggestions de l'aube, et non selon la sèche définition des midis....

CHAPITRE II
La triple intervention de l'artiste.

QUATRIÈME PARTIE

Cela suffit-il pour constituer un art? Supprimer certains défauts de l'image photographique est bien; mais, pour que cette image soit une œuvre d'art, il ne suffit pas que certains défauts soient supprimés, encore faut-il la présence de certaines qualités. Et avant toutes, la présence pressentie ou reconnue, non d'une machine, mais d'une main d'ouvrier. L'art devra être ici «l'homme ajouté à la machine», pour parodier Bacon. Mais, déjà, nous venons de voir que l'homme n'en était pas si absent qu'on le voulait bien dire, puisqu'une foule de défauts venaient moins encore de son instrument que de sa volonté, et moins de son absence que de son intervention mal dirigée.

Cette intervention, pense-t-on au premier abord, se réduit à fort peu de chose. Choisir le site, placer l'appareil, conseiller des attitudes, graduer le jour, et c'est tout. Ce que la plaque a enregistré, on est obligé de le garder, et ce qu'elle n'a pas enregistré, on ne peut l'y mettre. Tout ce que le photographe peut faire ensuite, c'est de verser plus ou moins d'acide dans son révélateur. Son génie peut se hausser à remplacer le pyrogallol par le fer, ou le papier aristotype par le papier à gros grains. Qu'y a-t-il de personnel dans ce travail? Où est le sentiment, l'émotion, l'accent qui signe l'œuvre et fait reconnaître l'ouvrier? Où est le trait qui, dirigé par la main elle-même, résume, synthétise une silhouette, une expression, une attitude, en caractérisant toute une race ou une époque comme le crayon de Gavarni ou de M. Forain? Où est l'esprit de composition qui rapporte dans la même œuvre des documents pris en des lieux différents? Où, l'imagination qui crée l'incréé, réalise l'irréel? Où est cette vision personnelle qui fait que Corot, Rousseau et Millet, devant le même paysage, auraient rapporté trois tableaux aussi différents que des vues de trois différentes planètes, tandis que dix plaques, parfaitement ajustées devant le même site, donneront, entre les mains de dix opérateurs différents, dix images semblables? Tout cela n'est-il pas absent d'une photographie, si belle soit-elle, comme en sont absentes les couleurs qui, seules, donnent aux choses tout leur relief et toute leur forme, leur distance et leur éclat?

Ces objections sont fortes; mais elles le seraient davantage si elles étaient fondées;—et elles ne le sont pas.

D'abord, il va de soi qu'on ne peut demander à la photographie

111

les qualités brillantes et savoureuses de la peinture, non plus que celles de l'architecture, ou de la musique, ou de l'art des jardins.... On ne peut la comparer qu'à des choses comparables: au crayon, au lavis à l'encre de Chine ou à la sépia, au fusain ou à la sanguine, voire au camaïeu, c'est-à-dire à toute image en noir et blanc ou en une seule couleur graduée de son ton le plus sombre, presque noir, jusqu'à son ton le plus pâle, presque blanc. Ensuite, on peut bien lui permettre d'être autre chose que la mine de plomb ou la lithographie, sans pour cela lui refuser le nom d'art. Sans quoi, il faudrait le refuser aux œuvres de M. Allongé, ou aux dessins de M. Lhermitte, qui n'ont aucun rapport avec un crayon d'Ingres. Enfin, on peut admirer au plus haut point la probité d'Ingres, et la profondeur de Gavarni, et la synthèse de M. Forain, et l'analyse de M. Caran d'Ache, sans pour cela dire que tout l'art du noir et du blanc tient entre le portrait de *Thomas Vireloque* et les silhouettes de *Doux Pays*.

La question n'est donc point de savoir si la photographie possède les mêmes qualités que les autres procédés, mais si elle en possède quelconques, dignes de leur être comparées; si le rôle de l'artiste y est assez important pour modifier l'aspect d'une œuvre, c'est-à-dire s'il intervient assez souvent pour qu'il y ait de sa part *production* et non simplement *reproduction*, et qu'à la beauté du site qui est à tout le monde, il ajoute celle d'une idée ou d'un sentiment qui ne sont qu'à lui.

Or, en examinant les opérations photographiques, nous trouvons qu'il intervient, à trois moments différents, d'une façon assez décisive.

§ 1. *Première intervention de l'artiste.*

D'abord, il choisit dans la nature l'objet à représenter. Ceci a l'air très simple, et ne l'est pas du tout. «Dans la nature, disait Corot, il n'y a jamais deux choses pareilles», et ses compagnons d'étude d'après nature, Bertin et Aligny, lui faisaient un grand mérite de «savoir s'asseoir» mieux que personne. C'est donc une science que de trouver le point juste d'où l'objet doit être regardé, et non seulement le point, mais la saison, l'heure, le temps, la raison d'être du motif:

QUATRIÈME PARTIE

Quis, quid, ubi, quibus auxiliis, cur, quomodo, quando?

Car, d'une part, le plus bel objet du monde peut être un médiocre sujet de tableau s'il n'est pas vu sous l'angle voulu, au *moment esthétique*, et, d'autre part, combien d'admirables sujets dans les plus humbles choses qui nous entourent, si le cœur et les yeux savent les découvrir! Un chemin courbe, une barrière droite, un toit qui fume, un tronc qui se crispe, une tige qui se penche, une flaque d'eau où le ciel renversé se reflète et tremble avec tout son empanachement de nuages,... c'est assez. Tout autour de nous, la nature, incessamment, peint des tableaux fugitifs, mais délicieux. Il faut non les créer,—ils existent,—mais les voir. «Il est des bonheurs fortuits, dit M. Jules Breton, où la nature fait apparaître un tableau tout fait,» et Frédéric Walker, l'admirable peintre de *Harbour of Refuge*: «La composition n'est que l'art de conserver un heureux effet aperçu par hasard.» Il ne faut pas croire suffisant ni nécessaire d'aller se mettre devant la falaise d'Étretat, ou le château de Chillon, ou la tour carrée de Saint-Honorat, aux îles de Lérins, pour faire un chef-d'œuvre. Le pays le plus «pittoresque» ne fournit aucun sujet à celui qui ne sait pas en découvrir dans les variations incessantes du pays le plus monotone. *Savoir voir*, c'est un grand point, peut-être le principal. Mais, hélas! combien d'amateurs peintres passent, dans le paysage, à côté du tableau, comme les ambitieux, dans la vie, à côté du bonheur,—sans le voir! Et ils s'en vont gravement, les uns et les autres, leur boîte à couleurs ou leur hotte à illusions sur le dos, à la recherche de merveilles lointaines qui ne vaudront point ce qui les attendait, ce qu'ils n'ont pas su voir, à la porte de leur maison....

S'agit-il de figures? Il en va de même. S'il est vrai de dire qu'«un problème bien posé est à moitié résolu», il l'est plus encore d'affirmer qu'une figure bien posée est à demi dessinée. Le reste est affaire de sûreté de main et de sûreté d'œil. Mais la composition est affaire de sûreté d'âme et d'initiative originale. Or, le photographe compose. Il dispose, sinon l'image, du moins la réalité. Il ordonne, non les lignes gravées sur les planches, mais les lignes vivantes devant ses yeux. Pour faire *la Source*, il ne fallait pas seulement dessiner comme Ingres: il fallait *composer* comme Ingres. Le modèle qu'il a employé n'a point pris tout seul cette attitude simple, fine et noble, ou, s'il l'a prise, ce n'a été que par un hasard qu'il a fallu préparer et saisir. Le photographe ne fait-il pas la même chose?

La similitude entre le photographe et l'artiste se voit jusque dans les conseils qu'ils donnent à leurs modèles. On connaît l'horreur habituelle des portraitistes pour les étoffes sans cassures, sans œils de plis. La première photographe artiste d'Angleterre, Mme Cameron, raconte, dans ses Mémoires, une anecdote qui montre que cette horreur était la même chez elle. Les succès de ses portraits de femmes lui valurent un jour la lettre suivante:

«Miss Lydia Louisa Summerhouse Donkins informe Mrs Cameron qu'elle désire poser pour son portrait. Miss Lydia Louisa Summerhouse Donkins est une personne qui possède équipage et, par conséquent, elle peut affirmer à Mrs Cameron qu'elle arrivera dans une toilette exempte de tout chiffonnage.

«Si Miss Lydia Louisa Summerhouse Donkins était satisfaite de son portrait, Miss Lydia Louisa Summerhouse Donkins a une amie qui possède également un équipage et désirerait aussi avoir son portrait.»

«Je répondis à Miss Lydia Louisa Summerhouse Donkins que, Mrs Cameron n'étant pas un photographe de profession, regrettait beaucoup de ne pouvoir faire son portrait, mais que si Mrs Cameron avait pu le faire, elle aurait beaucoup préféré voir cette toilette chiffonnée.»

On se tromperait, si l'on croyait que la composition photographique se borne au portrait ou à une petite scène de genre moderne, vus au jour d'atelier. On a des photographies de scènes historiques, de personnages fabuleux, et dans un clair-obscur saisissant; on a des sainte Cécile, des docteurs Faust dans leurs laboratoires, des Judith entr'ouvrant le rideau d'où filtre la lumière, des Christs morts, étendus sur la pierre. Nous ne disons point que ce soient des chefs-d'œuvre de tact esthétique, mais ce ne sont point des œuvres à dédaigner. On admire beaucoup au palais Doria, à Rome, deux petits tableaux de Van Hontorst, dit *della Notte*, qui ne dépassent nullement en audace et en vérité d'effet les photographies nocturnes de M. Puyo: *Vengeance* et *la Lampe file*.

Les premiers essais de compositions historiques photographiées furent tentés en Angleterre; et il faut lire, pour se convaincre de l'enthousiasme qui les inspira, les pages où Mme Cameron les a racontés:

«Je fis de ma cave à charbon mon laboratoire, et une sorte de poulailler vitré que j'avais donné à mes enfants devint mon atelier. Je mis en liberté les poules, j'espère et je crois qu'elles ne furent pas mangées, et les profits que mes fils tiraient des œufs frais furent supprimés. Mais tout le monde fut sympathique à mon nouveau travail, depuis que la société des poulets et des poules avait été remplacée par celle des poètes, des prophètes, des peintres et de charmantes jeunes filles, qui tous, chacun à leur tour, ont immortalisé l'humble petite ferme.

«Un de nos amis intimes se prêta très obligeamment à mes premiers essais.

«Sans s'arrêter à cette crainte possible que, en posant souvent à ma fantaisie, cela pourrait le rendre ridicule, il consentit, grâce à cette grandeur d'âme qui n'appartient qu'à l'amitié désintéressée, à être tour à tour Frère Laurence avec Juliette, Prospero avec Miranda, Assuérus avec la reine Esther, à tenir un tisonnier comme sceptre et à faire complètement tout ce que je désirais.

«Il n'en résulta pas seulement des œuvres pour moi, mais de Prospero et Miranda, il advint un mariage qui a, je l'espère, cimenté le bonheur et le bien-être d'un vrai roi Cophetua, qui, dans Miranda, avait vu le prix, le joyau de la couronne du monarque.

«La vue de mon œuvre fut la cause déterminante de ce que la résolution fut traduite en paroles: il s'ensuivit une des plus douces idylles de la vie réelle que l'on puisse concevoir, et, ce qui a beaucoup plus d'importance, il en résulta un mariage d'inclination avec des enfants dignes d'être photographiés, comme leur mère l'avait été, pour leur beauté....»

Ce dernier trait est bien d'une artiste, et le suivant est digne d'une préraphaélite:

«Ensuite, je fus à Little Holland House, où j'avais transporté mon appareil pour faire le portrait du grand Carlyle.

«Lorsque j'avais des hommes comme cela devant mon appareil, toute mon âme essayait de faire son devoir vis-à-vis du modèle, en s'efforçant de retracer fidèlement la grandeur de l'homme intérieur aussi bien que les traits de l'homme extérieur. La photographie prise de cette manière a été presque la personnification d'une prière....»

On se tromperait encore si l'on pensait que les grandes scènes de nature et d'académie, comme la *Vision antique*, sont interdites à la photographie. Qu'est-ce que c'est que cette voiture fermée qui s'arrête au bord d'une grève déserte, devant un horizon nu, borné par la mer claire où s'allongent de sombres presqu'îles? Il en descend d'étranges touristes! Des femmes en chiton et en diploïs, qu'on dirait tombées des fresques de la maison des *Vettii*, ou sorties des stucs des *Thermes de Dioclétien*, puis un homme portant une boîte à trois pieds, puis un brigadier de gendarmerie.... Tout ce monde marche dans les herbes hautes et s'attarde à cueillir des fleurs. Le brigadier de gendarmerie est là pour protéger l'art des curiosités indiscrètes ou des zèles intempestifs des gardes champêtres, des gardes-côtes ou des douaniers. Mais peut-être n'est-il pas absolument esthétique. Il ne figurera pas dans le tableau. Cependant la troupe des figurantes s'avance,

L'une emportant son masque et l'autre son couteau,

sous les oliviers, le long des flots, parmi les plantes salifères. C'est un singulier spectacle. Pour la première fois depuis des temps immémoriaux, les péplums sortent des magasins d'accessoires et flottent à l'air libre. Les calyptres légères ne balayent plus les planchers des théâtres, mais s'accrochent aux lentisques et se gonflent sous les brises marines. Les eaux des bassins réapprennent à refléter les plis nobles des anaboles et le vent à s'insinuer dans les tuyaux des flûtes. Mieux que les vieux miroirs de bronze verdi, qu'on conserve sous les vitrines des musées, ces bassins diront aux nouvelles canéphores si elles ajustent gracieusement leurs corbeilles.

Ce n'est pas anachronique. En conduisant la figure drapée en plein air, les photographes ont retrouvé la vie antique. Car ce paysage nous a conservé le milieu où se mouvaient les contemporains de Tibulle. Un piano serait étonné d'être touché par un homme vêtu d'un *himation*; mais dès que cet homme va sur la grève ou dans les bois, aucun costume ne s'harmonise mieux avec les lignes de la nature. Le cadre reconnaît la figure et lui sourit. Sous l'olivier *tarde*

QUATRIÈME PARTIE

crescens, au pays du *ver assiduum*, on ne s'étonne plus de voir revivre les jeux et les fêtes sculptés sur les bas-reliefs. Les potiers de Vallauris font encore des lécythes et des cratères. L'eau, dans les vasques, chante les mêmes airs qu'autrefois. Puisqu'il y a encore des pins, voici des thyrses; puisqu'il y a encore des tortues, voici des lyres; et puisqu'il y a encore des roseaux, voici des syringes. La *Vision antique* va passer....

Le subtil photographe a choisi le lieu, l'heure, les visages et les costumes: il sait les poses qu'il veut reproduire, le groupe qu'il veut former. Il les a dits à ses modèles, et, dans sa tête, le tableau est fait. Il copiera la réalité, quand la réalité lui donnera sa vision, pas avant. Il a calculé la hauteur des têtes sur la ligne d'horizon, la longueur des ombres sur l'herbe, l'angle des rayons du soleil déclinant, le passage de la lumière sur le coude et l'épaule, et les plis que creusera le vent, lorsque s'élevant, il fera flotter le voile et toute la tunique, selon le rythme qu'on observe dans la *Victoire de Samothrace*. On va, on vient le long des rochers. Vingt fois, l'attitude a été prise, puis quittée. Non, ce n'était pas *Ariane*! On va abandonner la place, quand, tout d'un coup, sans le vouloir, dans un geste spontané, le modèle a réalisé l'idéal. Durant une seconde, Ariane a été visible, «aux rochers contant ses infortunes»! Rapide comme l'éclair, le photographe a enregistré sur la plaque sensible ce qu'il a voulu, cherché, préparé depuis des mois, parfois des années.... Dira-t-on qu'il n'y a pas eu composition, intervention de l'artiste?

Cette intervention ne va guère loin, objectent les critiques. Elle tient toute dans le choix du sujet pour le paysage et une espèce de groupement pour les figures, analogue à la mise en scène d'un *tableau vivant*. Et quand ce ne serait que cela, serait-ce peu de chose? Ce dédain est plaisant dans la bouche des critiques d'art, qui, d'ordinaire, ne jugent tableaux et statues qu'au point de vue du choix du sujet et de la disposition des personnages, et jamais au point de vue de la facture! Que l'on compte, dans tel compte rendu de Salon qu'on voudra, les pages consacrées à l'anatomie, à la myologie, à la perspective, à la concordance des passages de lumière, à la nature des mélanges pigmentaires, au rôle des dessous, et qu'on les compare au nombre dix fois plus considérable des pages consacrées à la disposition du sujet, et l'on verra si les critiques ont quelque bonne grâce à tenir pour peu de chose, en théorie, la seule chose, en pratique, dont ils s'occupent, quand ils ont à examiner une œuvre d'art?

§ 2. *Seconde intervention de l'artiste.*

Mais le photographe intervient une seconde fois, et alors pour la facture même. C'est dans le développement du cliché. Comme il a choisi, dans la nature, l'heure et l'effet, il choisit, pour le cliché, la gamme ou le ton général dans lequel se gradueront les valeurs. Tout le monde sait ce que c'est que développer un cliché: c'est le plonger dans un liquide qui fait apparaître, peu à peu, l'image que contient, en puissance, la plaque sensible. Selon la composition de ce liquide, modifiée pendant l'immersion, on obtient une image plus ou moins dure, où les ombres et les lumières se différencient avec plus ou moins de contraste. Le photographe peut graduer ce contraste et ainsi modifier, dans un sens déterminé, l'effet donné par la nature. Mieux encore, il peut—bien que ceci soit plus difficile,—rendre telle partie de l'image plus apparente que telle autre, le ciel, par exemple, plus que le terrain, et lui donner ainsi la force et la solidité nécessaires. A cela, d'ailleurs, se borne l'action de l'artiste sur le cliché. Il n'y fait pas de «retouches». Mais son rôle n'est pas fini quand le cliché est développé. A ce moment, le photographe professionnel a terminé son œuvre: il s'en va se laver les mains, et des serviteurs, au besoin, tireront les épreuves. L'artiste, lui, prend son cliché et le considère avec attention, mais comme une simple ébauche, que, sous sa direction, l'instrument a esquissée. A lui, maintenant, de faire, de cette étude, un tableau. Le professionnel estime que sa tâche est terminée; l'artiste, que la sienne recommence.

§ 3. *Troisième intervention de l'artiste.*

Car c'est dans le tirage de l'épreuve que le sentiment et l'adresse de l'homme vont surtout intervenir et que la puissance directrice prendra sa revanche sur la puissance automatique. Le cliché est dû à la machine; mais l'épreuve, comme le style, c'est l'homme. Ce l'est à tel point que, parfois, on ne reconnaît pas le cliché dur et plat dans l'image frissonnante de lueurs et de modelés que l'artiste en a tirée. Il existe deux photographies dont l'une s'appelle *Étude*, l'autre *Matin argenté*: ce sont deux paysages de roseaux et d'eaux, et de bois et de nues. On les regarde; on trouve la seconde

QUATRIÈME PARTIE

incomparablement plus belle que la première, et l'on passe,— quand on est averti qu'elles sont du même auteur, M. J. H. Gear,— cela étonne. Bien mieux, elles représentent le même paysage: est-ce possible? Bien mieux, c'est le même cliché! Et en effet, c'est le même cliché; mais—agrandissement, changement de papier, mise en cadre différente, transposition de valeurs—ce n'est pas la même épreuve. C'est le même canevas, ce n'est pas la même trame; ce sont les mêmes paroles, mais avec un autre chant. Qu'y a-t-il donc de nouveau?—Un acide?—Non, un sentiment.—Un corps?—Non, une âme....

Le seul progrès matériel et technique est l'emploi du *papier à dépouillement*. On sait que les papiers sur lesquels s'impriment les épreuves photographiques sont de trois sortes: d'abord, les papiers blancs, comme le papier albuminé, qui noircissent spontanément sous l'action de la lumière sans qu'on puisse intervenir autrement que pour arrêter cette action.—Secondement, les papiers au bromure, qu'on commence à développer faiblement dans un bain, puis où l'on intervient pour activer l'apparition de l'image avec des pinceaux pleins du liquide révélateur.—Enfin le papier charbon-velours ou à la gomme bichromatée, qui est un papier coloré, par exemple en brun van Dyck ou en terre de Sienne brûlée, et d'où l'on enlève lentement avec l'eau et le pinceau tout ce que la lumière n'a pas fortement fixé, en laissant tout ce qu'on désire garder sur l'épreuve. L'image vient peu à peu ainsi par *dépouillement*. Ces derniers papiers se prêtent à un travail très lent. La venue de l'image s'y trouve subordonnée à l'intervention directe de la main de l'opérateur et est ainsi dirigée par une volonté changeante, au lieu de l'être par des lois naturelles et immuables.

On aperçoit tout de suite combien le rôle de l'homme a grandi. Quel être faible, et à quelles humiliantes fonctions était réduit le photographe autrefois! A partir du moment où le cliché de verre était plongé dans le bain, tout échappait à ses prises. Penché sur ces cuvettes pleines de vénéneux liquides, il attendait, désarmé, impuissant, inactif, que les acides mortels eussent fait leur œuvre. C'était à la fois comique et solennel. Cela s'accomplissait dans la solitude, comme le crime et dans l'ombre, comme la trahison. A peine la lanterne jetait-elle sur les linges épars des taches rouges qui semblaient de sang. L'homme tournait autour de ses cuvettes, de ses récipients plats, comme on en voit dans les salles de chirurgie, et rangeait des bocaux blancs, gris, bleus, vert pâle, roses, où l'on hésitait à reconnaître l'attirail d'un coiffeur ou celui d'un apothicaire. Ses yeux ne pouvaient percer l'effrayant mystère où s'élaborait, sans lui, l'image naissante d'un front, d'une joue, d'une prairie, d'eaux, d'insectes, de tiges et de fleurs.

Aujourd'hui, les fenêtres sont entr'ouvertes. L'épreuve ne gît plus dans un bain d'argent ou dans un bain d'or. Elle a été posée sur une planchette, comme une aquarelle. De l'éponge pressée coulent sur elle des gouttes brillantes d'une eau naturelle; sous cette pluie intelligente et radieuse, un visage naît, grandit et s'éclaire. Voici l'épaule nue, voici le col onduleux, voici les cheveux qui se démêlent, voici la ligne du sourcil qui s'arque et le contour des joues qui s'enfle et s'insinue dans le clair-obscur. Lentement, paresseusement, comme un petit enfant qui s'éveille, l'image ouvre la bouche, puis les yeux.... L'ombre se décharne et dit son mot; elle a souri: elle va tout dire, quand l'artiste s'arrête. Il se rappelle le mot si vrai de M. Jules Breton, qu'en art «il ne faut pas tout dire». La poésie est faite d'inconnu. Et ce qui donne aux images leur charme, c'est justement qu'elles ne détruisent point par la parole—comme, hélas! le font trop souvent les figures réelles—l'illusion causée par leur beauté, et qu'elles nous laissent croire, en demeurant à jamais silencieuses, que leur lumière intérieure vaut leur rayonnement.

L'artiste sort de son atelier; le grand jour tombe sur l'épreuve, et aussitôt l'on aperçoit tout ce que l'homme y a mis de lui. Elle n'est pas fille du hasard et de la matière. L'esprit a fait plus que la matière, la volonté plus que le hasard. Il y eut collaboration de l'intelligence et du cœur; et parce qu'ainsi il a pu y avoir erreur ou folie, il peut y avoir vérité et amour. Et s'il est arrivé que cette image est belle, de quel nom l'appellerons-nous? Dirons-nous que ce n'est pas là une œuvre d'art, parce que le vocabulaire la nomme photographie au lieu de la qualifier fusain, lithographie ou sanguine, et parce qu'au lieu de tenir entre ses doigts un petit morceau de bois carbonisé, l'artiste a en quelque sorte manié un rayon de soleil?

CHAPITRE III
Nouvelles œuvres et idées nouvelles.

QUATRIÈME PARTIE

Les images que voilà ont bien été faites au moyen de la photographie, mais elles n'évoquent pas plus l'idée de gélatino-bromure qu'une eau-forte n'évoque l'idée d'un acide, une sépia l'idée d'un mollusque, ou un fusain l'idée d'une branche d'arbre de la famille des célastrinées....

Il y a une vue de Hollande, prise par M. Robert Demachy, qui emmène la pensée bien loin de la ville qui l'inspira et de la machine qui aida à la fixer. Cela s'appelle *Eaux Mortes*. Une double rangée de maisons aux *trap-gerels* pointus et dentelés trempent leur vieilles murailles dans un canal. Pas un monument n'ennoblit ce canal, pas une figure ne l'anime. Cela est si triste, que l'eau semble faite de toutes les larmes que les générations qui vécurent là ont répandues. Les fenêtres sont closes ou vides comme des yeux qui ne voient pas. Une barque flotte avec une apparence de cercueil. Un escalier descend profondément dans le tranquille abîme, comme un chemin favorable au suicide. Les pointes aiguës des toits reflétés et renversés s'enfoncent dans les eaux, qui ne frémissent même pas, comme des aiguilles sombres dans des chairs inertes.

Voilà bien des *Eaux Mortes*! Eaux qu'aucune pente n'attire, qu'aucun penchant n'entraîne! Eaux stériles comme est stérile la terre des briques qu'elles baignent! Eaux figées en une forme définitive, comme l'eau d'un miroir, en leur cadre de pierres; eaux qui ne se changeront plus en perles pour ruisseler des vasques, ni en filets et rayons pour se dévider de cascatelles en cascatelles! Eaux muettes qui ne chantent, ni ne pleurent, ni ne grondent, comme celles des fontaines, des bassins ou des torrents! Eaux sans formes et sans images à elles, qui ne savent que répéter les contours et les couleurs des maisons qui se penchent sur elles, les redire avec le balbutiement des reflets, incapables d'entraîner notre rêve vers des rives meilleures, puisqu'elles nous renvoient impitoyablement notre propre image, l'image de nos rides, de nos ombres, de nos tristesses, et ainsi les doublent au lieu de les dissiper!

Et, au rebours, quelle évocation de vie trouverait-on plus vivante qu'une certaine petite épreuve de M. Craig-Annan, intitulée *Frères blancs*? Deux moines marchent au soleil, d'un mouvement vif et précipité, vers le même but, sous l'empire des mêmes idées et l'ombre des mêmes chapeaux, leurs cagoules flottantes et ballottantes sous la même poussée d'air, leurs pieds levés, semelles dehors, selon le même rythme, hâtés vers l'église, vers l'école ou vers le réfectoire. Pas un détail ne distrait l'attention et, des pieds à la tête, on ne sent qu'une ligne de vitesse, qu'un effet de lumière chaude et brutale, et qu'une volonté têtue.

Quelques-unes de ces œuvres ressemblent à des dessins de maîtres presque à s'y méprendre. Il existe un *Effet de soir*, de M. Brémard, qui rappelle fort J.-F. Millet, et où les taches noires et blanches paraissent reproduire des taches de couleurs. Il y a une *Sombre clarté*, de M. Wilms, qui évoque Turner, et un *Soir ramène le silence*, de M. Colard, qui est un Corot. Ceux qui ont vu les femmes drapées du peintre anglais Albert Moore, en reconnaîtront un saisissant souvenir dans les photographies de M. René Le Bègue, et ceux, plus nombreux, qui admirent, au Louvre, la finesse indécise et le fuyant charme du *Portrait de Jeune fille*, de Flandrin, seront heureux de les retrouver dans un *Profil perdu*, de M. Brémard. Dans beaucoup de ces œuvres, on hésite à reconnaître la marque de la photographie. Un portrait de *Jeune Hollandaise*, de M. Alfred Maskell, une *Communiante*, de M. Robert Demachy, sont des prodiges d'interprétation, en même temps que de vérité. Si l'on disait que ce sont des fusains, personne n'affirmerait le contraire. *Une vue de la Loire à Saint-Denis-Hors*, de M. Henry Ballif, a l'air d'une sanguine, et un *Septembre en Normandie*, de M. da Cunha, d'une encre de Chine. Les qualités de finesse et d'accent qui caractérisent l'œuvre d'art en noir et blanc se voient encore dans un *Brouillard*, de M. Sutcliffe; dans des *Soldats passant un défilé*, de M. Alexandre; dans un paysage, *Après le coucher de soleil*, de M. Bucquet, le président du Photo-Club; dans des paysages de MM. Hannon et Watzeck; dans les effets de sable de *Marée basse*, de M. de Védrines; dans une *Paix d'or sur la contrée*, de M. Smedley Aston. Feuilletez l'*Esthétique de la photographie* publiée par le Photo-Club de Paris, et considérez *Dans la vallée*, de M.-F. Coste, vaporeux comme un Corot, *Premiers sillons* de M. da Cunha, *Sur la route* par M. Darnis, l'*Ile heureuse* par M. Puyo et dites si, non prévenu, vous ne verriez pas là des reproductions de tableaux et d'excellents tableaux?

Une autre œuvre, curieuse par sa vérité poignante et sa tranquille ironie, est cette rue perdue dans la brume et l'eau, déserte, ponctuée en son milieu d'un cab noir, intitulée *Beau temps à Londres*, de M. Colard. Il est difficile de donner, en raccourci, une impression plus profonde de cette ville des fumées de l'usine et des fumées du cerveau, de cette ville triste, de cette ville mystique et manufacturière, la ville des assommoirs discrets, des tabagies occultes, des lentes consomptions, où seules la vertu et la réforme sortent avec fracas, affirmant la morale par des coups de trombones et des roulements de tambours....

Si ces photographies nouvelles ont fait au public l'impression que lui font les sanguines ou les fusains, si elles n'ont pu être obtenues que grâce à l'intervention trois fois répétée d'un homme doué de goût et de doigté, quelles sont donc les raisons qui s'opposent à ce que nous les appelions des œuvres d'art? Nous avouons, pour notre part, ne point les apercevoir très clairement....

Il est vrai que cette intervention n'est point aussi longue ni aussi décisive que celle de l'artiste, obligé de dessiner et d'ombrer de sa main sa toile ou son papier d'un bout à l'autre. Dans la photographie, toute une partie de son travail est faite par la machine et simplifiée par le procédé. Mais depuis quand juge-t-on de la valeur artistique d'une œuvre par la difficulté du procédé? Parce que le pinceau trempé dans l'encre de Chine nous fournit plus vite le ton du ciel ou du terrain que le fusain, faut-il dire que, nécessairement, le premier procédé est moins artistique que le second? Et parce que le fusain, aidé de l'estompe, simplifie cent fois, pour tonaliser un ciel ou ombrer et masser des arbres, le travail sec et dur de la mine de plomb, faut-il dire qu'un beau fusain est moins une œuvre d'art qu'un papier noirci de hachures pour le ciel et de «beau feuillé» à la mine de plomb? A quelle étrange conclusion ainsi l'on arrive! Et mieux encore, parce que le dessinateur, comme était M. Bertin, obtient plus vite son effet sur un papier bleuté qui lui fournit un ton général tout préparé, faut-il dire qu'il est moins un artiste que celui qui passe des heures à couvrir tout un papier blanc du fin réseau de ses pattes de mouches?—Eh bien, ce que le papier teinté, le fusain et l'estompe font pour simplifier le travail de l'artiste, l'objectif le fait dans une beaucoup plus large mesure. Voilà tout.

L'intervention du photographe, à la vérité, n'est point souveraine. Il ne peut qu'influer sur les lignes et les tons, non les créer. Il lui faut compter avec un agent chimique, qui joue un rôle prépondérant dans le développement du cliché et la venue de l'image. Mais l'acide n'en joue-t-il pas un très grand aussi dans la préparation d'une eau-forte? Est-ce que, là aussi, il n'y a pas collaboration d'un agent chimique et inconscient! Le graveur, aquafortiste ou autre, sait-il exactement l'image que donnera son œuvre quand ce collaborateur y aura passé? Écoutons plutôt M. Bracquemond: «Lorsqu'un graveur creuse des tailles sur une planche métallique, avec un burin ou à l'aide d'un acide.... il ne connaîtra la *profondeur* et, par suite, la *valeur* de sa taille que par l'*état* que lui fournira l'impression de sa planche.»—Regardez le *Portrait d'un graveur* par M. Mathey, qui est au Luxembourg, considérant la large feuille humide encore. Quel regard inquiet, attentif, scrutateur, il attache à son papier courbé, tenu au bout de ses bras nus, tandis que sur un coin de la machine, gît sa cigarette oubliée, éteinte!... Il semble satisfait, mais il a eu peur! C'est qu'il y a des hasards, des imprévus, comme il y en a, d'ailleurs, en aquarelle bien plus que les aquarellistes ne veulent le dire, et jamais cependant la collaboration de ces acides, ou cet imprévu de la tache aqueuse—si utile parfois et si savoureuse!—n'ont empêché d'appeler ces hommes des artistes!

On dira encore: Une œuvre d'art est un exemplaire unique de la pensée ou du sentiment d'un artiste. Du moment qu'on en peut tirer des reproductions à l'infini, comme on fait les épreuves d'un même cliché, elle perd cette qualité précieuse et devient un objet de confection. Mais croire qu'on peut tirer un nombre indéfini d'épreuves artistiques d'un même cliché, c'est une erreur de fait. En réalité, chaque épreuve que l'artiste obtient par dépouillement sur un papier teinté à la gomme bichromatée est une épreuve unique. Il échoue plusieurs fois. Quand il en a obtenu une bonne, il est rare qu'il recommence. S'il recommence, il obtient autre chose que l'exemplaire déjà produit. C'est une *réplique*, si l'on veut: ce n'est pas un duplicata. Bien plus qu'une gravure à l'eau-forte, une photographie de M. Demachy est un exemplaire original.

Enfin, c'est également une erreur de croire que, devant la même réalité, les artistes que voici sont contraints par leurs machines à produire les mêmes images. L'empreinte personnelle qu'ils mettent à leurs œuvres est telle que, la plupart du temps, elle dispense de lire la signature; et, après quelques visites à leurs expositions, on ne confond pas plus une photographie de M. Demachy avec une autre de M. Puyo, ou une troisième de M. Craig-Annan avec une quatrième de M. Le Bègue, qu'on n'est tenté d'attribuer un paysage de M. Montenard à M. Harpignies, ou une nymphe de M. Bouguereau à Burne-Jones.

Cette empreinte personnelle est même le grief le plus vif des professionnels de la photographie contre les amateurs. Ce n'est point là, disent-ils avec mépris, de la photographie pure: il y a des «retouches»! Mais, quand ce reproche serait mérité, il ne saurait influer sur le jugement qu'au point de vue artistique on doit porter. L'impression est-elle esthétique? qu'importe comment elle est obtenue? Tous, nous avons horreur de la gouache en aquarelle. Mais la raison est que la gouache alourdit ce qu'elle touche, et qu'en fin de compte, elle est moins artistique que l'aquarelle «franche». Si, par hasard, on nous montre une gouache plus légère qu'une aquarelle, nous n'hésiterons pas à l'admirer, sans reprocher à l'artiste le blanc dont il s'est servi. Pareillement, d'où vient l'horreur très justifiée de certains amateurs pour les «retouches» en photographie? De cette observation très juste que les retouches alourdissent l'épreuve, empâtent les contours, tranchent violemment sur tout le reste des tons francs, et ainsi rompent l'homogénéité de la *facture photographique*. Mais s'il arrive que les retouches n'empâtent point, ne tranchent point, et s'harmonisent si parfaitement avec le reste qu'il soit impossible de dire où, au juste, la retouche a porté, la raison de l'horreur qu'on en avait disparaît, et la retouche est légitime.

En fait, dans les œuvres nouvelles, il n'y a pas de «retouches», si l'on entend par ce mot la peinture sur le verre du cliché, ou le coup de crayon sur la gélatine; procédés très usités par les professionnels de la photographie, et auxquels nous devons ces blancs mats et pesants, ces peaux parcheminées que la foule admire à tant de vitrines de nos boulevards. Ce qu'il y a, dans les œuvres nouvelles, c'est *le travail de l'épreuve*. Or, ce travail ne produit aucun des heurts de la retouche; il est aussi harmonieux et homogène, dans sa facture, que le travail du lavis, de l'encre de Chine, de la sépia; et, comme on ne saurait reprocher à ces œuvres-là des retouches, attendu que tout y est retouches en effet, on ne peut les reprocher, non plus, aux nouveaux essais de photographie.

Mais s'ils ressemblent tant à d'autres procédés d'art, dira-t-on encore, à quoi bon un procédé nouveau?

On devrait, en effet, parler de la sorte si la photographie n'avait pas certaines qualités qui lui sont propres. Mais elle en a. D'abord, lorsqu'elle est dirigée par un goût prudent et une fine entente des altitudes, elle dessine admirablement. La fidélité de l'objectif, qui était un défaut avec des modèles vus de trop près, ou trop également éclairés, ou noyés dans les accessoires, devient une qualité, quand le champ de la vision est bien délimité, l'effet large, les lignes longues, souples, simples, à peine profilées sur le fond et bien suivies. Il y a une photographie de M. Puyo, représentant une Pénélope penchée sur sa tapisserie, où la courbe des cheveux, de la nuque, des épaules et de la ligne dorsale est telle qu'Ingres n'eût pu l'infléchir d'un crayon plus sobre et plus sûr. Certaines académies photographiées en plein air, sous le soleil de Sicile, à côté de bas-reliefs où sont sculptés des héros et des dieux, se profilent selon un rythme si pur qu'on hésite entre le galbe du héros sculpté et celui du berger vivant venu, deux mille ans après, s'asseoir sur le sarcophage vide où l'art les réunit.

Ensuite, la photographie est capable d'un modelé infiniment nuancé, souple et caressant. L'estompe, seule, parmi les procédés de noir et de blanc, peut approximativement l'indiquer. Il ne s'agit point ici de nier la supériorité d'une nerveuse eau-forte ou d'une fine gravure; mais n'y a-t-il pas certaines transitions insensibles de lumière à ombre, évoluant sur les plans inclinés des figures, sur des polyèdres de chair, certaines ombres *dolce e sfumose*, comme dirait Léonard, «exhalées sur le papier», selon le mot de Ruskin, où la photographie est sans rivale? Pour rendre en blanc et noir ce qui, dans la nature, se rapproche des figures du Vinci, combien il est difficile à un autre procédé de rivaliser avec la photographie! Là où le burin et le crayon procèdent par petits traits différents, et par conséquent désunis et heurtés, elle agit par teintes liées, continues, uniformes de texture, mais graduées à l'infini; elle unit les méplats de la chair par sa facture, en même temps qu'elle les distingue par ses tonalités,—comme la nature le fait elle-même. Précisément parce qu'elle ne peut donner un accent, c'est-à-dire un arrêt brusque, elle est supérieure au crayon quand il faut passer, sans heurt, du grave au doux et de la nuit au jour.

Le trait a de grandes qualités idéographiques. On donne l'idée d'un corps par sa silhouette et sa délimitation dans l'espace: on ne le montre pas dans son essence. Dès que le dessinateur veut remplir l'espace délimité, la «silhouette», il sent l'imperfection de son outil. C'est une boutade d'Ingres, que de dire «que la fumée même doit s'exprimer par le *trait*». En réalité, la fumée ne peut s'exprimer que par le *ton*. Et toute ombre est plus ou moins fumée. Ce n'est donc pas avec le trait seul qu'on peut ombrer une figure; et, tant pour la délicate gradation du ton que pour l'impeccabilité du contour, il faut bien reconnaître la supériorité de la photographie.

Enfin, la photographie, mieux que le plus agile crayon au monde, surprend certains effets précieux, mais insaisissables, soit par leur multitude, soit par leur brièveté: un nuage qui passe dans le ciel, un troupeau qui passe sur la terre, une armée ondulante au gré des reliefs et des creux des vallons, le fouillis mouvant d'une bataille de fleurs, la complexe furie d'une meute coiffant un sanglier, le déferlement des vagues sur un récif ou encore le cumulus des vagues qui roulent lourdement vers le rivage, le stratus des courants qui se forment dans la mer et le fin cirrus des traces que chaque flot, sculpteur habile et patient, laisse au sable des grèves qu'il a habitées.... Et le multiple fléchissement des ailes des colombes qui viennent, d'un tournoiement souple, se poser à terre, comme ces âmes que Dante vit attirées par son cri miséricordieux, et le fugitif plissement des fossettes d'une femme rieuse, et le rapide serrement des muscles d'un homme surpris, et les remous d'une foule,—tout ce que le vent, l'orage, la gravitation, le feu, l'espoir, la colère, le plaisir, font fléchir, agiter, tomber, flamber, secouer, contracter ou sourire!...

Combien souvent le dessinateur a regretté de ne pouvoir saisir l'envolée subtile d'un geste, l'agencement inédit d'un groupe, le miroitement rare d'un coup de lumière! Il y a donc des raisons pour qu'un artiste, devant certains effets, prenne parfois l'objectif, au lieu de prendre le crayon ou le pinceau à lavis. Moins souple sous certains rapports, c'est un instrument plus délicat sous d'autres et toujours plus rapide. On ne saurait pas plus le taxer d'inutile que d'impropre à rendre une pensée. Il ne peut remplacer les autres procédés, mais les autres ne le remplacent pas.

CHAPITRE IV
Une prétention excessive de la photographie.

Où tend ce mouvement d'art en photographie et quelle crainte ou quel espoir pour l'idéalisme doit-il nous donner? Pour le bien démêler, et quelle évolution singulière il marque dans l'esprit de ses auteurs, il faut se rappeler ce qui l'a immédiatement précédé.

Il y a quelques années, nous avons vu de savants photographes, armés d'une grande quantité de documents, venir vers nos artistes et leur enseigner leur métier. Ils avaient inventé, pour surprendre la nature, des instruments très astucieux et très prompts: des disques percés de fenêtres qui tournaient très vite et vous prenaient des centaines de vues successives d'un homme avant qu'il eût dit: ouf! puis des boîtes où ils enfermaient des guêpes dont ils avaient doré le bout des ailes pour enregistrer la trajectoire qu'elles décrivaient en volant; des revolvers et des fusils à objectif qu'ils braquaient sur les oiseaux,—ils l'eussent fait sur des anges!—non pour les tuer, mais pour savoir quels mouvements disgracieux ils faisaient dans les airs et pour ôter ainsi à leurs images plus que la vie: la beauté! En guise de gibecière, ces étranges chasseurs portaient, en bandoulière, une boîte «à escamoter», contenant des plaques de rechange.—Déjà, un médecin de Boulogne avait imaginé de photographier les manifestations des divers sentiments humains qu'il obtenait artificiellement par des applications électriques sur la face insensible d'un malheureux malade d'hôpital, et il avait ainsi démontré que le *Laocoon* du Vatican ne remuait point du tout les muscles qu'il fallait pour exprimer la douleur.—Nos chronophotographes, eux, démontrèrent de même que, chez les grands maîtres, les chevaux n'avaient jamais galopé congrûment, ni les hommes couru avec vérité, ni les femmes dansé avec sincérité, et certainement pas une colombe venant vers l'arche, ni un Saint-Esprit planant sur Dieu le père, ni un archange, ni un séraphin, ni un chérubin voletant dans nos vieilles peintures ne pouvait résister à leurs redoutables investigations. L'art avait ignoré le mouvement: la science allait le lui expliquer.

Quelques artistes écoutèrent ces suggestions, et aussitôt tout s'arrêta. On ne vit plus que des chevaux dans des attitudes d'immobilité absolue et un peu ridicule, des hommes plantés sur un pied, des oiseaux en plomb, encapuchonnés dans leurs plumes. Rien de plus faux ne parut sur les toiles ou sur les socles que cette scientifique et photographique vérité. On s'étonna, on s'indigna, on discuta longuement. Enfin, on s'avisa d'une idée assez simple: c'est que la science est une chose et que l'art en est une autre; et que, s'il y a une vérité pour l'esprit, il y en a une autre pour les yeux qui n'est point la même et qui, en art, importe seule. Fromentin et bien d'autres l'avaient dit, mais il paraît qu'il est des évidences qu'il faut qu'on découvre et des portes ouvertes qu'il faut qu'on enfonce.

En effet, dans le cas présent, la vérité de la science est une vérité de détail; la vérité de l'art est une vérité d'ensemble. Quand le chronophotographe nous apporte une épreuve où il a noté l'une des mille phases dont se compose un mouvement, nous lui répondons: Ceci est une partie du mouvement,—ce n'est pas le mouvement. Il est très vrai que, dans un mouvement, il y a l'attitude que vous avez découverte, mais il est non moins vrai qu'il y en a des centaines d'autres et que *c'est la résultante de toutes ces attitudes,—chacune immobile durant un instant de raison,—qui forme ce qu'on appelle le mouvement.* Mes yeux ne perçoivent qu'un ensemble; votre appareil ne perçoit qu'une partie. Qui décidera qu'il perçoit la vérité, et que ce sont mes yeux qui sont dans l'erreur? Qui décidera que la vérité d'ensemble ne signifie rien et que rien ne vaut hors la vérité du détail? Dire qu'on voit mal parce que, dans un mouvement, on voit un ensemble d'attitudes, cela revient à dire qu'on entend mal parce que, dans un orchestre ou dans un chœur, on n'entend qu'un ensemble de sons? Mais le plan du musicien a été que vous entendissiez l'ensemble des sonorités. Pourquoi le plan de la nature ne serait-il pas que vous voyiez l'ensemble du mouvement? Que penseriez-vous d'un savant venant, au moment où nous écoutons un chœur, à l'Opéra, nous dire: «Voici un instrument très précieux qui va vous permettre d'entendre, non plus l'ensemble de cette musique, mais chaque voix et chaque instrument l'un après l'autre. Entendez cette voix, elle fait: ah! ah! ah! et celle-ci: oh! oh! oh! et cette autre, un son filé.... Maintenant vous connaissez ce chœur. Vous n'en aviez, auparavant, qu'une idée confuse et erronée. C'est la grossièreté de votre ouïe qui fait que ces sons se confondaient en un tout que les ignorants appellent harmonie. Dissociez chaque partie et vous aurez le vrai sens de cet opéra...».

Ainsi du mouvement. L'œil de l'objectif instantané est comme une oreille qui n'entendrait qu'une partie à la fois dans un orchestre. Il voit très bien une des attitudes successives dont se compose un geste, mais il ignore le geste et accomplit ce prodige de saisir, dans le mouvement, l'immobilité! Une preuve topique nous est donnée par la photographie instantanée d'une roue de voiture. L'œil humain, en voyant une roue, s'aperçoit fort bien si elle tourne ou non. L'instantané, lui, n'en sait rien. Que la roue tourne avec la vitesse d'un phaéton traîné par un cheval au grand trot, ou bien qu'elle soit immobile dans la remise, l'appareil instantané nous en donne exactement la même image. Comme il va aussi vite, plus vite même que la roue, elle lui semble toujours immobile. Ce tremblement, cette confusion des lignes des rais qui avertissent nos yeux n'existe point pour lui. Il n'en compte que mieux les rais de la roue, mais il oublie qu'elle tourne. Il perçoit bien une vérité, mais il y a une autre vérité qu'il ne perçoit pas;—et c'est justement celle dont l'Art a besoin.

Si nous allons en chemin de fer parallèlement à un autre train qui marche beaucoup moins vite que nous, cet autre train nous semble immobile. Pour qui est doué d'un mouvement plus rapide, tout ce qui est doué d'un mouvement moins rapide semble immobile. Nous appelons immobiles dans le monde et dans la vie, les choses dont le mouvement ou dont le changement sont si lents que nous ne les percevons pas dans le cours de notre vie. Cela ne veut pas dire qu'elles ne soient pas douées de mouvement; cela veut dire que ce mouvement nous échappe. Or, si l'œil de l'objectif ne reste ouvert qu'un cinq-millième de seconde, il est clair qu'un mouvement de cheval qui dure un quart de seconde lui échappe tout à fait. Donc, en allant plus vite que le cheval, l'objectif transforme le mouvement en immobilité.

Ce n'est pas la seule circonstance ou l'objectif voit autrement que notre œil. Il est tantôt plus et tantôt moins perspicace, il détaille parfois mieux et confond parfois bien davantage. Il découvre, avant le médecin, des taches d'éruption sur un visage qui paraît sain, mais il commet les plus lourdes bévues sur la qualité des étoffes. Comme le dit très bien M. Puyo: «Son analyse implacable reste superficielle et s'en tient aux apparences; bien plus, ces apparences mêmes, l'objectif tend naturellement à les magnifier, et bonnement, il se laisse éblouir par l'éclat faux des strass, par les reflets trompeurs des satinettes et des velours de coton.... C'est ainsi que, par une réunion patiente de laissés pour compte et de coupons avariés, le photographe peut rassembler sans grands frais des décors et des costumes qui prennent sur ses épreuves un aspect véritablement somptueux.» Admirable pour déterminer les inflexions de l'aile d'un macroglosse ou de la nageoire d'un hippocampe, la plaque photographique ne peut nous renseigner, aussi bien que l'œil, sur la tonalité de l'air où vole cet insecte, ni de la mer où vit ce poisson. Et c'est précisément parce qu'elle est, selon le mot de Janssen, «la rétine du savant» qu'elle n'est pas celle de l'artiste.

CHAPITRE V
Une réaction idéaliste.

Aujourd'hui les photographes l'ont compris. M. Puyo avoue, à propos de la mise au point, que «l'œil a une faculté d'accommodation très supérieure à celle de l'objectif». Ces novateurs abandonnent les prétentions des chronophotographes. Ils ne veulent plus que la machine enseigne l'œil. Ils contrôlent les résultats de la machine avec l'œil et repoussent ceux que l'œil n'approuve pas. Ils ne prétendent plus réformer les lois de l'esthéthique: ils ambitionnent de s'y soumettre. M. Alfred Maskell, qui est le chef de la jeune école en Angleterre, le dit expressément: «Notre mouvement peut être considéré comme une tendance à traiter les sujets en concordance avec la pratique des autres arts graphiques.»—«Il ne faut pas, déclare M. Robert Demachy, avoir une esthétique particulière pour la photographie et une autre pour la gravure et le dessin.»— MM. Bergon et Le Bègue ajoutent: «Il nous paraît que l'étude de l'esthétique est la préparation indispensable à tout travail. Le photographe va composer comme s'il devait dessiner ou peindre au lieu de photographier.» En ce qui concerne les attitudes fournies par la chronophotographie, M. Puyo ne parle de retenir que celles qui sont «douées de qualités esthétiques». Cela nous montre assez quelle évolution s'est faite chez les photographes et dans quel sens le mouvement nouveau est dirigé.

C'est dans un sens idéaliste. On ne peut en douter quand on lit les écrits des novateurs. On le peut encore moins quand on regarde leurs œuvres. Avoir introduit le sentiment et la pensée dans une opération autrefois automatique; avoir transformé en un art ce qui était une industrie; avoir décidé que l'esprit devait diriger la matière, au lieu de se laisser enseigner par elle; avoir inventé la photographie dirigeable, c'est déjà une entreprise idéaliste. Mais les novateurs sont allés plus loin dans ce sens. Ils ont vu que leurs œuvres valaient surtout par ce qu'ils y avaient mis d'eux. Ils ont compris le mot de Ruskin: «Si ce n'est pas un plan humain que vous cherchez, il y a plus de beauté dans l'herbe le long de la route que dans tout le papier noirci par le soleil que vous rassemblerez durant toute la durée de votre vie». Ils ont hardiment soumis leur vision à un plan très caractérisé. Dans leur effort pour se dégager de l'imitation servile, ils ont retrouvé l'audace des partis pris d'ombre et de lumière, la volonté des effets d'ensemble, qui manquent à nos impressionnistes. Beaucoup de leurs paysages sont traités par grandes masses, le premier plan largement ombré, la lumière repoussée au second, et toutes les petites lueurs reflétées, délibérément noyées dans l'ensemble, afin d'obtenir un effet franc et général.

Il existe un *Potier*, de M. Declercq, que, par son violent parti pris d'ombre diffuse et de saisissante clarté ramassée en un seul point, on dirait une eau-forte de Rembrandt. Le magnifique portrait de Ruskin par M. Frédérick Hollyer, où seul l'extrême profil de l'esthéticien est tiré de l'ombre par la lueur de la fenêtre, accuse, chez le photographe, un plan préconçu d'éclairage caractéristique. Le papillotement impressionniste est proscrit, M. Puyo l'avoue: «La direction des faisceaux de lumière qui éclairent une figure peut être quelconque, mais leur intensité relative doit obéir à une loi: il faut que l'un des faisceaux employés soit nettement dominant en intensité et que tous les autres lui soient nettement subordonnés.»

Avec la dispersion de l'effet, l'école naturaliste enseignait l'inutilité ou l'indifférence du sujet. Là, encore, les nouveaux photographes sont amenés, par les conditions mêmes de leur art, à une réaction dans le sens classique. Ne pouvant compter autant que les peintres sur leur imagination, ils en viennent à chercher la beauté dans la nature elle-même. Ne pouvant espérer l'atteindre uniquement par l'interprétation, ils la veulent d'abord dans l'objet interprété. C'est non plus seulement à leurs rêves, mais à la réalité, qu'ils demandent d'être une chose belle. Le sujet redevient alors tout de suite digne de considération. Il ne s'agit pas ici du «sujet» tant méprisé par les novateurs d'il y a vingt ans, et méprisé avec raison, si l'on entend par là l'histoire bouffonne ou sentimentale, le «site» numéroté par les guides, où d'ingénieux industriels tiennent à la disposition des touristes une chaise, une lorgnette et du soda. Il s'agit de ce que M. Jules Breton appelle très justement le «sujet esthétique», une puissante ordonnance de nuages sur la mer, comme dans une photographie de M. Origet, une symphonie de branches emmêlées pour résister au vent et tendues vers le ciel pour prendre dans l'air leur nourriture, comme on en a vu dans les photographies de M. Dardonville, *Étang du parc de Rambouillet*, et de Mme Dansaert, *At Home*; un groupement gracieux de jeunes filles et de jeunes fleurs, tel que le tableau de Mme Farnsworth exposé jadis sous ce titre: *Quand le printemps arrive souriant dans le vallon et sur la colline*.

Ce sujet, ils le veulent nettement déterminé, congruent en toutes ses parties et, pour ainsi dire, organique. Comme ils pourront bien retrancher l'inutile dans ce que leur fournit la nature, mais non pas y ajouter le nécessaire, il faut que cette nature soit plutôt trop riche en intérêt que trop pauvre.

D'ailleurs, si ce sujet riche est touffu, ils marquent leur intervention d'artistes en le simplifiant. M. Puyo parle de l'«unité du motif», et se courrouce contre «les détails qui sollicitent le regard en dehors du centre d'intérêt». Il traite de «l'équilibre des lignes», des «rappels nécessaires». On croirait entendre un pur classique de l'école de Winckelmann. L'étude prolongée, non des livres, mais de la nature, ramène ces photographes aux lois générales qui régirent jadis l'école, et non point parce que ce sont des règles, mais simplement parce que ce sont des nécessités. «Ces lois de la composition, disent-ils, n'ont rien d'arbitraire; quand nous songeons aux conditions que doit remplir toute œuvre d'art et que nous apparaissent aussitôt les idées d'unité, d'ordonnance, de subordination, n'est-ce pas le rationalisme grec et notre conception unitaire du monde qui nous imposent ces lois générales? Pareillement, l'idée d'équilibre, qui la fait naître, sinon le sentiment intime que tout obéit à la loi de la gravitation? D'où l'emploi général, dans la composition, de la forme triangulaire, le triangle étant de toutes les figures celle dont le centre de gravité est le plus bas. Enfin, les règles qui président à l'harmonie des tons et à leurs liaisons et imposent l'usage des rappels découlent de l'idée de relation et de l'impuissance des organes à juger autrement que par comparaisons successives.»

Ainsi, tout doucement, tout silencieusement, ces hommes armés d'une machine conspirent pour l'idéal classique des anciens jours. Ils n'ont point fait de hardis manifestes, ni proclamé la déchéance d'aucun art. Leur affiche représentait seulement une femme laissant tomber de pâles fleurs de tournesol. «Nous ne réclamons nullement le titre d'artistes, disaient-ils en 1896; le public, habitué aux choses d'art, saura bien nous le décerner de lui-même, s'il trouve que nous sommes arrivés à le mériter.» Dans leurs longues et laborieuses contemplations en face de la nature, ils n'ont pas rêvé les grandes jouissances de la gloire. Ils n'ont pas cherché l'argent. Ils n'ont cherché que le plaisir; et le plaisir, rappelons-nous-le bien, a donné plus de belles œuvres à l'art que l'ambition,—le plaisir modeste, intime et muet, que cherchaient les Millet et les Rousseau dans les sentiers de Barbizon. Ils aiment la nature: ils écoutent ce qu'elle dit, et elle leur dit parfois ce qu'elle ne dit pas à d'autres. Après la grande moisson faite par les paysagistes du siècle, ils viennent, se courbant et ramassant des glanes. Mais, des glanes des champs, on peut encore se nourrir, et mieux que des fleurs artificielles, quattrocentistes ou cinquocentistes cueillies dans les musées....

Ces artistes n'ont rien de mystérieux: ils dévoilent et jettent à la foule tous leurs secrets et toutes leurs recettes. Les prend qui veut! Mais peu les prennent, et moins encore en profitent. Car ce n'est pas leurs papiers et leurs ingrédients chimiques, et leurs écrans et leurs lampes au magnésium qui font leur supériorité, c'est leur éducation esthétique et c'est leur goût. Pas plus en art qu'en armes, il n'est de «botte secrète». Ce sont les procédés les plus simples et les plus connus qui mènent le mieux au but qu'on veut atteindre; le secret n'est point dans une combinaison de recettes soigneusement tues et dont on peut donner ou ne pas donner la formule: il est dans la tête, il est dans l'œil, il est dans la main, il est dans le cœur. Et s'il fallait une preuve de plus que ce ne sont nullement des procédés nouveaux, mais bien de nouvelles intentions qui créent ces belles œuvres photographiques, on la trouverait dans ce fait que, parmi tant de milliers de photographes qui arpentent la surface de la terre, il n'en est guère plus de dix ou douze en France et d'une trentaine à l'étranger qui aient, jusqu'ici, produit des épreuves comparables à des œuvres d'art. Et combien chacun en produit-il? A peine, par an, une ou deux qui vaillent la peine d'être citées. Voilà qui doit rassurer les artistes; et ceux-ci feraient sagement en ouvrant les portes de leurs expositions de blanc et de noir aux chercheurs modestes et enthousiastes qui s'acheminent, par des voies différentes, au même idéal.

Quand on se promène dans la longue galerie des Candélabres du musée des Antiques, au Vatican, si on lève les yeux au-dessus des têtes d'Hermès et des Furies, des Silènes et du Mercure psychopompe, et de la Diane d'Éphèse aux seize mamelles, et du Satyre enlevant une épine du pied d'un Faune, et si l'on regarde les plafonds peints durant le précédant pontificat, on aperçoit une allégorie singulière. Les sciences et les arts, représentés par des figures ornées d'attributs, font hommage de leurs progrès à la Religion. Et parmi ces figures, en bonne place, est la Photographie tenant son horrible machine, appelée objectif. On reste un peu surpris, non seulement qu'un Torti ait succédé pour décorer les plafonds du Vatican à un Raphaël et à un Michel-Ange, mais que la déesse allégorique du collodion ou du gélatino-bromure se carre à la même place où l'on a vu, dans la *Sixtine*, les Sibylles et les Prophètes. Puis on se souvient des vers de Léon XIII, adressés à la princesse Isabelle de Bavière, sur l'*Ars photographica*:

Imaginem

Naturæ Appelles æmulus
Non pulchriorem pingeret;

et l'on se demande si ce qui paraît une hyperbole aujourd'hui ne sera pas une vérité demain. Ce que nous avons vu, dans les expositions, n'est peut-être pas encore suffisant pour le prédire, mais c'est plus qu'il ne faut pour l'espérer.

CINQUIÈME PARTIE
LES PRISONS DE L'ART

LES PRISONS DE L'ART

Ce sont les musées.

Jamais on n'en vit tant bâtir, pour tant d'objets, ni de tant de sortes. On en fait d'immenses pour y dresser des moulages de cathédrales et on en fait de tout petits pour y aligner des poupées. On en fait pour y mettre des tableaux contemporains, comme la *Tate Gallery*, et on en fait pour y mettre des bronzes d'il y a deux mille ans, comme le musée Cernuschi. On en fait pour y mettre des ustensiles, comme le Musée des Arts décoratifs, et on en fait pour y mettre des dieux, comme le Musée Guimet. On en fait pour y mettre des panetières provençales, comme le *Museon Arlaten*, et on en fait pour y loger des porcelaines de la famille verte, comme le Musée d'Ennery. On y trouve des vertugadins, comme dans le Musée des Passions humaines, à Florence, et on y trouve de vénérables affiches ou des télégraphes surannés, comme dans le Musée du vieux Montmartre, à Paris. On fait encore des Musées pour y mettre de vieux habits héroïques et des canons démodés, comme le Musée de l'Armée, et on en fait pour y mettre des tableaux statistiques comme le Musée social. On en fait même pour ne rien ou presque rien y mettre, comme le Musée Galliera.—Mais, d'ordinaire, ce sont les œuvres d'art qu'on y renferme, les plus belles et les plus dignes d'être vues qu'on peut trouver.

Tout le monde s'y prête. Jamais les collectionneurs n'ont plus volontiers regardé leurs propres galeries comme de futurs musées. Jamais on n'a légué à l'État ou aux villes tant de maisons qui, du vivant même de leurs hôtes, avaient pris la forme d'un temple du Beau. On bâtit un musée aujourd'hui dans le même esprit qu'autrefois un hôpital, une église ou un monastère. Lorsque, au soir de la vie, les vainqueurs de l'âpre lutte industrielle et sociale se demandent par quoi ils embelliront leur victoire et en répandront quelques effets sur la foule, ce qui se dresse devant eux, c'est la vision d'un musée. Ici, au parc Monceau, il a suffi d'ôter le lit du mort, pour que sa demeure fût un musée. Là, lorsqu'il y a quelques années, le vieux prince sans enfants, sans trône et sans épée, debout sur la terrasse de sa demeure, cherchait ce qui pouvait le mieux perpétuer sa mémoire, il trouvait que c'était de changer son château en musée. Et voici que partout les châteaux sont devenus des musées. Le Louvre est un musée. Versailles est un musée. Fontainebleau est un musée. Chantilly est un musée.

Cette idée hante aussi les âmes collectives. Les municipalités qui ont trop d'argent,—et même celles qui n'en ont point assez,— rêvent de musées gigantesques accaparant tous les trésors d'art d'une province,—comme le Palais des Papes à Avignon,—et vers où se dirigeraient, en pèlerinage, les foules du siècle nouveau. Les villes montrent aux étrangers leurs musées avec autant d'orgueil que leurs hôpitaux ou leurs hospices. Et, de même qu'en bâtissant des hospices, elles croient avoir résolu le problème de la justice sociale, de même, en bâtissant des musées, elles croient avoir sauvé la beauté dans le monde.

Voilà une tendance bien caractéristique de l'esprit contemporain. En voici une seconde:

Pendant qu'on bâtit des musées, on détruit des œuvres d'art. On jette bas des monuments, parfois des quartiers entiers dans les cités qui furent contemporaines des siècles de beauté. On dénoue leur ceinture, comme à Avignon. On éventre leurs remparts, comme à Antibes. On menace leurs ponts, comme à Lucerne. On disperse les nymphes de leurs fontaines, comme à Nuremberg. On complote de combler leurs canaux, et, en attendant, on enfume leurs ponts, comme à Venise. On brise leurs mosquées, comme en Égypte. On renverse leurs palais et l'on défonce leurs jardins, comme à Rome. On mutile leurs couvents, comme à Toulouse. On empiète jusque sur leurs tombeaux, comme à Arles.

Florence même, Florence qui consolait de tant d'attentats géométriques les artistes des deux hémisphères, Florence voit tout un plan de *Riordinamento* et de *Sventramentos*'étaler sur les tables de ses conseils!... Là, une voie, droite comme une épée, traverse le cœur même de la ville, trouant les palais de guingois, coupant les vieilles artères vitales du moyen âge, secouant ou ébréchant, sur son passage, les *loggie*, les créneaux de la place San Biagio, de la maison des Giandonati, du palais di Parte Guelfa, fauchant les tours....

A ces nouvelles, la démocratie bat des mains. Cela sonne à ses oreilles comme une victoire. C'est une victoire, en effet, sur le respect, sur le passé, sur tout ce qu'elle ne peut empêcher d'avoir été avant elle, mais ce qu'elle peut du moins empêcher de lui survivre; victoire sur les hommes qu'elle n'a pas élus et les choses qu'elle n'a pas votées. Pendant la nuit, fameuse en Avignon, où tomba la porte l'Imbert, à la lueur des torches, en toute hâte, quelques heures seulement après l'arrêté du maire décrétant sa ruine, une foule enthousiaste acclama les ouvriers de cette destruction et le chef élu qui venait y présider.

Ce ne sont là que quelques exemples, et pris dans quelques pays. Mais le courant de *Sventramento* est universel. A chaque heure qui sonne, on peut dire qu'il s'accomplit ou qu'il se trame, sur quelque point du globe, quelque chose contre sa beauté. Et si l'on a pu calculer, de certains grands capitalistes, que, chaque matin, ils se réveillent plus riches en capital, sans avoir rien fait que de durer une nuit de plus, on peut dire, au rebours, que par le mouvement naturel du progrès, chaque soir, le soleil se couche sur des cités moins belles que les cités qu'il a le matin même éclairées.

Deux courants traversent donc le monde: l'un pour la beauté dans les musées, l'autre pour la laideur dans la vie. Au fond, c'est le même et il n'y a entre les deux aucune contradiction. Ils coexistent dans les mêmes âmes. Ils vont au même but, comme ils sont nés de la même idée sur le rôle de l'art. Et cette idée, toute-puissante en ce moment, est telle qu'il faut la dénoncer hautement, s'il en est temps encore, comme la plus fausse qui soit dans son principe et la plus funeste dans ses applications.

CHAPITRE I
L'art proscrit de la vie et interné dans les musées.

Ces deux tendances sont sœurs. Un jour, au mois de septembre 1895, on vit, dans la même ville d'Avignon, le même conseil municipal, présidé par le même maire, prendre, presque dans la même séance, deux résolutions en apparence contradictoires: il résolut, d'abord, de démolir les pittoresques remparts de la ville, du côté sud, et ensuite de chercher six millions pour transformer le Palais des Papes en un musée de la chrétienté.

CINQUIÈME PARTIE

L'un de ces projets était mesquin et facile, l'autre grandiose et ardu. Un seul fut exécuté: ce ne fut pas le grandiose, mais le grandiose fut sincèrement désiré. Il l'est encore. Car les mêmes hommes qui trouvent nécessaire d'abattre ces belles pierres jaunes, posées par les Papes et célébrées par Stendhal, n'estiment pas superflu de fonder un musée nouveau. Les mêmes économistes qui reprochent à l'art d'étouffer la ville en lui gardant sa couronne de mâchicoulis, sont prêts à l'endetter de six millions pour lui faire une collection de vieilles chasubles. Et, dans ces deux résolutions, en apparence contradictoires, ils sont animés par une même idée d'ordre,—qui est de ne pas laisser l'art encombrer la rue, mais de le mettre à sa place, où iront le chercher les gens qui croient en avoir absolument besoin: au musée.

Le même souci tient tous les destructeurs de beauté, quelque part qu'ils «travaillent». A Arles, on a détruit les maisons qui plongeaient dans le fleuve, afin de tracer des quais rectilignes. On y a encore détruit, par les bruits de la terre et par les fumées du ciel, le charme des tombeaux vides des antiques Alyscamps. Mais, en revanche, on y fonde un *Museon Arlaten* pour y renfermer les choses pittoresques de la vie populaire.

A Florence, en 1888, la commission de *Riordinamento del centro della città*, après qu'elle eut visité les maisons de la rue des Apothicaires et décidé leur disparition, décréta toutefois qu'on enrichirait de leurs photographies les archives communales. Aujourd'hui, lorsqu'un parti florentin demande qu'on rase le vieux et bizarre palais *dell'Arte della Lana*, qu'un arc-boutant joint mystérieusement à Or San Michele, que dit-il pour nous consoler? Il dit qu'«on en fera une reproduction dans une autre partie de la ville»! Quand on a détruit le *Mercato Vecchio* et tout ce qui avoisinait la vieille église de Saint-André, on a pompeusement créé, au musée de Saint-Marc, une salle de souvenirs, de fresques, de plafonds, de cheminées, d'écussons tirés des maisons du XVe siècle.

De même qu'à Bruxelles, si l'on a rasé, autrefois, l'ancien palais des ducs de Brabant, on en a tenté, deux cents ans après, une restitution, de même on a soin, aujourd'hui, de reproduire à huis clos ce qu'on a supprimé dans la rue. En Suisse, les hôtels expulsent les chalets, mais, quand on a ruiné les chalets de la montagne, on en reconstruit tout un quartier à l'Exposition de Genève. A Paris, après avoir renversé, au siècle dernier, la Bastille et la rue Saint-Antoine, on a cru devoir en restituer des effigies au Champ de Mars, en 1888, et, en 1900, on a édifié, sur les berges de la Seine, une parodie du vieux Paris jadis démoli avec enthousiasme. Ainsi, détruisons-nous nos vieilles demeures séculaires, quittes, cent ans après, à en tenter quelque incertaine et coûteuse «restitution», pour que les foules viennent goûter des «apéritifs» très nouveaux sur des escabeaux très rétrospectifs.

Sans doute, on entend, çà et là, des protestations. A Florence, notamment, une clameur, grossie par la clameur des artistes du monde entier, a retenti contre les projets en cours d'embellissement destructif. Une ligue s'est formée de Florentins passionnés pour la beauté de la fleur du val d'Arno, sous le titre d'*Associazione per la difesa di Firenze antica*. Mais à ces protestataires on répond quelque chose d'apparence très logique: ou ces vieilleries sont dignes d'être conservées, leur dit-on, ou elles ne le sont pas. Si elles ne le sont pas, qu'importe qu'on les détruise? Et si elles le sont, quoi de mieux que de les abriter dans un musée?

D'ailleurs, qu'est-ce qui est menacé dans cette Florence que vous prétendez défendre, et pourquoi tout ce bruit? Pourquoi ces dix mille signatures de princes, d'évêques, de romanciers et de tribuns, protestant contre notre voirie municipale et que vous êtes allés chercher jusqu'aux confins de la civilisation, depuis les autorités du Massachusetts jusqu'à celles de la Tasmanie?... Est-ce qu'il est question de détruire un seul des monuments qui font la gloire de notre ville à l'étranger? Est-ce qu'on touche au Palais Vieux, au Palais Pitti, à Sainte-Marie-Nouvelle, au Dôme?

Regardez donc le plan que vous attaquez.... Il ne touche même pas au *Ponte Vecchio*, pourtant si étroit et si incommode! Il respecte tout ce que les guides montrent aux touristes, et, quand il sera exécuté, non seulement l'itinéraire des *Cook's tours* ne sera pas entravé par les démolitions nécessaires, mais, en traçant des voies plus droites et plus larges d'un monument à l'autre, nous permettrons aux étrangers de tout voir en moins de temps....

Que prétendez-vous encore? Qu'il y a de jolis détails architecturaux dans les maisons de la place San Biagio.... Quoi donc? Cet écusson sur le *palazzo dei Canacci*, ces moulures?... Et là-bas, au *palazzo di Parte Guelfa*, cette colonnette de la *loggetta del Vasari*?... Et, dans le *borgo San Jacopo*, quelques mâchicoulis?... Eh bien! on les sauvera! On tirera de la masse informe de ces vieilles bâtisses du XIVe ou du XVe siècle, les rares morceaux dignes d'être vus et on les mettra dans un musée. Tout le monde y gagnera, même les esthètes, puisqu'ils trouveront rassemblés dans une même salle et qu'ils verront, en dix minutes, tous ces détails qui, dispersés sur des murs sans intérêt et dans des ruelles impraticables, leur auraient demandé cinq ou six heures pour être à grand'peine découverts! En travaillant pour les utilitaires, nous travaillons aussi pour vous.

En face des gracieux spectacles ménagés par la Nature, on a pris le même parti. Dans ce Paris, qui n'est pas un lieu de pèlerinage esthétique, mais qui serait cependant si beau sans ses embellissements, on conserve et on détruit avec un semblable acharnement. Les étrangers artistes en sont stupéfaits. «Quiconque, dit Ouida, revient à Paris, après une absence de quelques saisons, trouve la splendeur de sa vie plus obscurcie tous les dix ans par l'empoisonnement de l'atmosphère que cause le nombre toujours plus grand de fabriques, de chemins de fer et d'autres travaux et par l'extension de la ville parmi les jardins, les vergers et les bois qui lui formaient autrefois une admirable ceinture.»

Mais, en revanche, le moindre morceau badigeonné de couleurs est rentré, étiqueté, conservé, forclos. On a supprimé du ciel parisien cette délicate harmonie de ruines noires et de vertes frondaisons, dont vingt-huit années avaient effacé l'âcre souvenir et souligné la triste beauté,—pour y édifier, entre deux horloges, une gare de chemin de fer. Mais on a retiré précieusement quelques médiocres vestiges des fresques d'un des plus médiocres décorateurs du second Empire et l'on va leur consacrer pompeusement quelque salle de musée.

Dans ces prisons, la vie moderne renferme même les oiseaux et les fleurs. Dans toute l'Europe méridionale on dépeuple les bois de leurs petits oiseaux, qu'on tue, qu'on empoisonne, qu'on écrase dans les nids, qu'on prend par millions aux *roccoli*. Bientôt l'on pourra mettre au Muséum les derniers exemplaires de certains oiseaux que, nos pères et nous, aurons, pour la dernière fois, entendus chanter. Si l'on veut en garder la forme et la voix, qu'on les fasse chanter devant le phonographe et qu'on appelle ensuite le taxidermiste!—car les temps sont proches où l'espèce entière aura péri. Mais les cages de nos jardins zoologiques sont pleines.

Les oiseaux ainsi catalogués, il arrivera un jour où l'on mettra aussi les fleurs dans des musées fermés, afin de les soustraire à la vie dévastatrice. Que dis-je? Cela est arrivé. On détruit tant de fleurs sur les Alpes qu'on a dû créer pour elles des refuges comme *la Chanousia* du petit Saint-Bernard, à laquelle on a donné le nom de «jardin-musée».

Un «jardin-musée!» ce nom seul ne définit-il pas une époque, une tendance et une idée? Et n'est-ce pas la même idée qui anime les édiles de Florence, et ceux de Paris, et ceux de Venise, et ceux de Rome: parquer le pittoresque, l'éloigner de la vie, ôter des pas de la foule cette chose encombrante, distrayante qu'est le Beau, le ramasser, l'emporter au loin, comme ce que ramassent et ce qu'emportent, aux heures frileuses de l'aube parisienne, les charrettes des balayeurs et des chiffonniers! Dans une ville bien ordonnée pour les affaires, il ne faut pas, semble-t-il, que les passants s'arrêtent à considérer des architectures, non plus que les flots d'un fleuve à considérer les quais. Que les uns et les autres passent vite, portant leurs fardeaux multiples, courant vers leur commune fin! Que le mot d'ordre soit, pour l'économie de nos cités modernes, celui-ci: «L'utile en liberté, l'art en prison.»

CHAPITRE II

Ce que devient l'art en prison.

Que devient l'art en prison? Rassemblons, pour le comprendre, les impressions qu'à travers l'Europe, nous avons tous ressenties.

Il ne s'agit point, ici, de ces œuvres d'art qui forment toutes seules un ensemble esthétique et qui sont faites pour apporter une vision du dehors dans l'intérieur d'une maison, loin de la vie qu'elles représentent, au fond d'un salon. Cette œuvre-là, d'ailleurs isolée de son milieu par son cadre d'or, peut être goûtée indifféremment partout. Il ne s'agit donc pas des tableaux de chevalet. Pour eux, un musée vaut à peu près un autre milieu et l'on n'imagine rien, non seulement de plus périlleux, mais de moins plaisant que les expositions en plein air du XVIIe et du XVIIIe siècles, soit que Le

Brun accrochât, dans la cour de l'hôtel de Richelieu, son *Passage du Granique*, soit que l'Académie de Saint-Luc suspendît ses chefs-d'œuvre, place Dauphine, sur le parcours de la procession de la Fête-Dieu.

Certes, la manière de présenter les tableaux devant le public ou de se présenter devant eux n'est pas chose indifférente. La disposition des toiles historiques dans les salles qui virent leur histoire et un bel équilibre de nuances dans des appartements sobrement meublés—comme ce qu'a commencé de réaliser M. de Nolhac à Versailles,—ajoutent fort à la valeur intrinsèque des tableaux. Le recueillement, la solitude y ajoutent aussi. Combien de toiles pieusement vénérées dans les collections particulières souffriraient d'être vues dans l'immense promiscuité de la Galerie du bord de l'eau! Et si l'on va, au loin, étudier une seule œuvre à demi cachée au public, combien la distance franchie, le blocus forcé, la concentration des forces admiratives toutes fraîches sur un seul point, n'ajoutent-ils pas à l'impression qu'on ressent de sa beauté!

Bien plus, si l'œuvre est restée là où elle fut créée, dans le milieu qui l'a rendue possible et qu'elle a rendu célèbre, n'arrive-t-il pas qu'elle ramasse et réfléchit tous les souvenirs épars autour d'elle, comme une lentille fait les rayons? Fra Angelico ne se découvre-t-il pas mieux dans la plus médiocre des cellules de son couvent que dans l'admirable *Couronnement de la Vierge* exposé, par le malheur des circonstances, à deux pas de la rue de Rivoli?

Combien de portraits de Rembrandt n'a-t-on pas vus dans les musées d'Europe, sans jamais ressentir l'impression que donnent les figures du bourgmestre Six et de sa femme, conservées dans la même famille depuis deux cent quarante ans, dans le vieux et petit salon de la Heerengracht, au bord de ce canal aux eaux égales comme ces âmes de bourgeois et ponctuées de feuilles fanées qui tombent en silence comme sont tombées jadis les heures sur ces vies, sans rien agiter, ni ternir!...

Lorsqu'on descend des lacs glacés du haut Dauphiné dans la vallée du Graisivaudan et qu'au hasard de la route on entre, faute d'autre spectacle, dans la petite église, cernée de treilles et de luzernes, du village de la Tronche, combien la Vierge orientale qu'on aperçoit au coin d'une chapelle avec son grave enfant songeur, le doigt sur la bouche, pénètre davantage dans l'imagination que des centaines de madones rangées dans les galeries Doria, Borghèse, ou Pitti! Et que n'ajoutent pas l'humilité de ce décor et l'imprévu de cette rencontre au chef-d'œuvre d'Hébert, pieusement déposé en ex-voto, là où le vœu fut fait et là où il fut exaucé, là où il fut promis par le patriotisme et réalisé par le génie!

Mais ce n'est pas de tableaux qu'il s'agit ici. Car, quand on met un tableau dans un musée, on n'en prive ni la rue, ni le jardin, ni l'église, ni la pièce d'eau. Il peut gagner beaucoup à certaines dispositions dans un salon, dans un château ou dans une chapelle. Il ne perd pas tout son charme dans un musée. Il s'agit ici des œuvres créées dans une intention décorative et pour un ensemble déterminé. Il s'agit de ce qui est fait pour subir les révolutions de l'ombre et du jour, pour baigner dans la vie ambiante et dans la foule, pour les colorer, pour y imprimer son effigie, pour donner, en un mot, une figure à la cité.

Il s'agit des portes, des façades, des bas-reliefs, des fontaines, des ponts, des stèles, des autels ou des tombeaux. Il s'agit de ces figures taillées pour se pencher dans le vide, comme les gargouilles, pour humaniser l'horizon, comme les statues, pour borner les champs, comme les Termes, pour commémorer une victoire, comme les colonnes, ou un prodige, comme les chapelles, ou pour dominer la ville et faire lever les regards des citoyens, comme jadis les métopes du Parthénon ou ses Panathénées.

Voilà les œuvres qui, conçues en dehors des musées et avant les musées, ont une fonction dans l'empreinte quotidienne que fait à l'imagination la vie. Prenons l'exemple le plus célèbre: celui des Panathénées, et imaginons-les au moment de leur gloire. Tandis que la ville vaque à ses affaires, à son lucre, à sa politique, à ses plaisirs, cette procession qui ne se fait qu'une fois tous les trois ans, se poursuit sur les frises du temple et tout Athénien levant les yeux vers l'Acropole y devine la présence de son image, qui ne quitte point le sanctuaire. Il se dit que l'image survivra à la réalité, la statue à l'homme, et peut-être le chef-d'œuvre au culte, l'adorateur à la Divinité. Sa figure de marbre, taillée là-haut dans le pentélique, ne changera point. Ces genoux qui pointent en avant, étreignant le cheval cabré, ne fléchiront point, ces joues demeureront pleines, ces torses garderont leur souplesse, ces cheveux ne tomberont jamais, et, ainsi, les générations successives ignoreront si les hommes représentés là-haut souffrirent jamais de la décrépitude.

Sans doute, cette vie qu'on prête au marbre n'est qu'illusoire, mais la vie plus intense qu'on éprouve à leur vue est réelle. Sans doute, ce n'est là qu'une ombre d'humanité, mais l'humanité passe et cette ombre fixée sur ce mur rivalise de durée avec les montagnes qui environnent l'horizon et avec ces étoiles vers lesquelles, à chaque angle, les figures de pierre semblent s'acheminer, le soir....

Retirez ces figures de la vie et de la vue de la foule, et mettez-les dans un musée, que deviennent-elles? Pour le savoir, allons observer ce que deviennent les *Elgin marbles*, dans leur somptueuse demeure de Londres.

Morne comme une prison, planté de colonnes comme un temple, couronné de brouillards et à peine dégagé des maisons qui l'avoisinent, voici le massif noir du *British Museum*. C'est là que sont détenus les demi-dieux. Un gazon humide et quelques pigeons qui s'envolent mettent seuls du vert et du blanc dans ce paysage sinistre, frotté de suie. Lorsque les anciens bâtissaient un temple pour y loger les idoles dérobées à l'ennemi, c'était du moins dans quelque site riant où elles pussent s'acclimater, se plaire et devenir enclines à protéger leurs geôliers. Ici, rien de tel. On imagine aussitôt ce qu'est là-bas la radieuse Acropole rose et dorée étagée dans l'air bleu, avec ses horizons de montagnes immortelles par leur miel et leur marbre, et de golfes qui ont des noms de victoires. On se figure des plaines de pins verts et d'oliviers blanchissant sous les brises, avec de petits chemins serrés entre des poivriers, des cactus et des aloès, propres à conduire les esthètes vers les Immortels paisibles.

Ici, sur le trottoir brillant de pluie, de Great Russell street, tout manque de ce qui peut induire l'âme en joie admirative, rien de ce qui peut y verser la tristesse. Sur des tables de marbre noir gisent les restes des colosses qui siégeaient autrefois sur les frontons du Parthénon: Hélios, Thésée, Cérès, Proserpine, Iris, Séléné, les Parques, la Victoire, Prométhée, Minerve, Neptune, Amphitrite, Leucothéa, Cécrops, Mercure.... La vue de ces pauvres figures, mutilées comme des morceaux de corps froids sur les dalles des Morgues, serre le cœur. Car ces dieux, s'ils ne règnent plus sur une poignée de croyants par leur puissance, dominent encore le genre humain par leur beauté. Or, ils portent ici les traces d'un inexplicable et perfide abandon, d'une immémoriale impiété.

Tous sont décapités, hors le Thésée qui dresse ses quatre horribles moignons comme un monstre mendiant dans un carrefour. Leurs têtes ont roulé à terre, et de ces visages augustes faits pour les baisers des déesses, quelques-uns peut-être, jetés dans les eaux du Pirée, sont encore en proie aux infects suçoirs de quelque éponge perforante!... On les a dépouillés de leurs parures et des objets qu'ils tenaient à la main, comme signes de leurs fonctions célestes. Çà et là, aux hanches, aux cuisses, des trous, que les voleurs n'ont pu boucher et que les gardiens du musée lavent pieusement, racontent le sacrilège, avec l'éloquence d'une serrure brisée sur un tabernacle ouvert.

Si nous regardons le long des murs, nous y voyons les figures des Panathénées mises sous verre comme des ossements de saints, comme de petits coléoptères morts ou des fleurs séchées. Par endroits, on a restauré. Ainsi, dans le morceau de frise qui représente les divinités féminines, la partie inférieure et le bras gauche de plusieurs figures n'ont été reconstitués que par des moulages pris il y a cent ans, et ces plâtres mal faits ont été insérés dans le marbre primitif. C'est ainsi qu'avec beaucoup de peine on a serti quelques fausses pierres dans un encadrement de pierres précieuses.

Ailleurs, se presse une grotesque et lamentable armée, composée des restes de beaux vieux monstres à barbe de fleuve et à corps de cheval et de jeunes héros culs-de-jatte, se livrant, deux par deux, à des pugilats chimériques. Un Lapithe qui n'a point de mains veut étrangler un Centaure qui n'a pas de gorge. Certains brandissent des épées absentes. Un homme-cheval sent quelque chose sur sa croupe, il se retourne pour dévisager l'agresseur, et il n'a point d'yeux. Un cul-de-jatte cherche à piétiner son adversaire terrassé et à lever au ciel ses bras coupés afin de célébrer sa victoire. La peau de lion qui pend à son bras semble vouloir dévorer le Lapithe mort. Tel autre n'a sur ses épaules que du plâtre: sa tête est à Copenhague. Cet homme-cheval boite: une de ses jambes est restée en Grèce. Ce jeune Grec n'a pas d'yeux pour voir le Centaure sur lequel il s'élance fougueusement: son visage est au Louvre. Là, le Lapithe a grimpé sur les flancs du Centaure qu'il fait plier, a saisi le monstre par la barbe. On s'imagine que c'est sa propre tête qu'il porte ainsi à la main. Ici, le Centaure n'a plus de buste, n'est plus qu'un cheval et, ainsi, le Lapithe, tombé à terre, n'est plus qu'un cavalier maladroit....

Au milieu de la galerie, sur un piédestal, se tient une femme aux mains coupées, à la coiffure géante, à l'aspect architectural d'une colonne humaine. C'est la Cariatide. Pendant plus de deux mille ans, elle a soutenu le portique de la tribune des jeunes filles, avec ses cinq belles compagnes demeurées dans la patrie. Maintenant, il n'y a plus là-bas que son sosie de plâtre traversé par une barre de fer et que la pluie et le soleil ont noirci misérablement. Il n'y a plus ici qu'une exilée, qu'une inutile figure dépaysée, surprise, honteuse de ne plus servir à rien et comme lassée par l'absence de son glorieux fardeau....

Cette tristesse, qui se sent plus vivement peut-être au British Museum, on l'éprouve partout où sont renfermées des œuvres faites pour demeurer en plein air et partout où des figures créées pour jouer un rôle précis dans un ensemble décoratif, se trouvent désaffectées. Parcourons les salles du Vatican, du Louvre, de la Glyptothèque. Combien d'années ont passé depuis que ces marbres ou ces bronzes n'ont pas accusé par leurs ombres la révolution du soleil! Il faut, en vérité, qu'une longue habitude ait endormi notre critique et fermé nos yeux pour qu'au Louvre, par exemple, nous supportions ces entassements de pierres sous des voûtes, ces lignes chevauchant les unes sur les autres, ces bras, ces têtes, ces draperies s'offusquant mutuellement, se doublant par le jeu des glaces ou s'éteignant par l'éclat des dorures! Et il faut une extraordinaire docilité d'imagination pour s'expliquer les attitudes et les gestes de ces Dianes saisissant leur carquois en marchant vers des fenêtres, de cette Victoire naviguant sur un escalier, de ces Atlantes écrasés sous un poids qui n'existe pas, de ces Apollons inspirés ou de ces Niobés éplorées scrutant du regard les moulures d'un plafond.... Qui a jamais vu les dieux ou les héros jetés dans la *Salle du sarcophage de Médée* au Louvre, ou bien dans la salle de sculpture au Luxembourg, comme des marchandises dans un dépôt? Quoi! on met ces marbres ici, pour qu'on les admire mieux, et on les entasse de telle sorte qu'aucun ne se profile sur son voisin et que l'œil brouille ensemble toutes leurs lignes! On dirait une assemblée où tout le monde parlerait à la fois! Le but est de révéler leur beauté, et on leur ôte le plein soleil qui sculpterait à nouveau leur relief, et les ombres du plein air qui, changeantes comme est changeante la lumière du jour, donneraient tour à tour sa valeur à chaque muscle, à chaque méplat, à chaque ride, à chaque pli!

Dans les musées, nombre de statues n'ont jamais été vues tout entières, dressées sur un fond neutre et débrouillées des lignes de leurs voisines. La plupart n'ont jamais reçu la lumière que d'un seul côté. Même celles qu'on expose au milieu d'une salle, comme le *Torse*, au Vatican, ne sont pas dégagées des lignes adjacentes. On perçoit mieux leur ensemble dans une bonne photographie, dont le fond a été unifié, que dans le musée, parmi le papillotement des couleurs. Beaucoup de chefs-d'œuvre nous sont ainsi mieux connus par leurs photographies que par la vue que nous en avons. Ils ne sont que l'«encaisse» esthétique dont les représentations fiduciaires courent l'Europe. On sait qu'ils existent, mais, en réalité, on ne les a jamais vus.

Et on les verrait si bien ailleurs! C'est en pleine campagne, en pleine forêt, que le sens esthétique éveillé par la joie de la Nature, l'œil reposé par la monotonie du décor, l'esprit avide et rendu curieux de rythme par l'indiscipline des mouvements de la vie végétale, percevraient avec enthousiasme le moindre vestige du travail et de la volonté, la moindre ligne voulue et suivie. C'est un phénomène bien connu que l'obscur besoin de la symétrie là où tout semble échapper à ses règles et d'un plan rationnel et humain là où les fantaisies de la Nature triomphent en liberté. Nous sommes plus reconnaissants à l'art pour une Madone frustement peinte sur la blanche église de quelque pauvre village de l'Engadine que pour la centième Vierge au Bambino dans un musée de Florence, quand nous en avons vu déjà quatre-vingt-dix-neuf. Que nous fait un sarcophage après cent sarcophages, ou un œnochoé, s'il est le centième œnochoé? Mais si, au pli d'un vallon, à travers quelque campagne virgilienne, nous rencontrons le simple monument où le Poussin arrêta ses bergers d'Arcadie, nous faisons halte comme eux, sensibles à la solidité de ses lignes et à l'équilibre de ses proportions. Et si, aux approches d'une ville ancienne, parmi les vignes ou les potagers, nous trouvons le reste d'un taurobole oublié par les archéologues, nous comparons le pampre sculpté aux feuilles vivantes qui y jettent leur ombre et le bucrâne hiératisé aux bœufs qui cheminent le long du labour; nous comprenons alors, bien mieux que dans un musée, l'effort de l'art pour fixer le plus capricieux des rameaux en un régulier entrelacs et la plus disgracieuse des têtes en un svelte ornement.

Les flâneries dans les vieux quartiers de Rome ou à travers les villages toscans ont-elles un autre but? On possède, au milieu de la ville, tous les chefs-d'œuvre qu'on peut souhaiter. Si l'on va au hasard des chemins, c'est qu'on trouve plus de plaisir à la courbe de la *Navicella* imprévue rencontrée au portail de la villa Mattei, qu'à toutes les vasques et les cuves dont s'encombrent la Salle ronde ou la Galerie des candélabres. On sait plus de gré à l'artiste pour avoir tracé la forme d'un lécythe sur une stèle du cloître de San Saba ou des croix sur le puits du cloître du Latran que pour avoir creusé les pierres entassées au Capitole. Et toute la ferronnerie ornementale de l'*Architectural Court* du South-Kensington Museum ne se profile pas dans la mémoire aussi nettement que le couronnement du puits de la Chartreuse d'Éma, quand on l'a vu, par un beau soir rouge, arrondir, sur les têtes chauves des derniers moines, sa noire arabesque de fer....

Voilà pourquoi l'expédient, imaginé par les Florentins pour satisfaire les admirateurs de leur vieille ville, tout en la détruisant, est le signe de la plus profonde erreur esthétique. Ce que les étrangers aiment à Florence ce n'est point seulement l'éclat de quelques monuments, mais l'atmosphère d'art, qu'on respire, presque sans s'en apercevoir, dans les plus humbles coins de la ville. Or vouloir retirer de la ville tout ce qui constitue cette atmosphère, pour l'enfermer au Musée de Saint-Marc et l'y accumuler, c'est proprement détruire le charme des flâneries florentines: l'imprévu de la rencontre d'un fragment d'art, la joie de la découverte. Les mêmes choses, délicieuses si on les trouve isolées, une à une, deviennent fastidieuses par leur rapprochement. Quoi de plus divin qu'un chant d'oiseau, çà et là, dans la forêt? Quoi de plus déplaisant qu'une volière?

Et, lorsque l'œuvre est telle qu'elle emprunte son caractère ou son culte à un pays déterminé, qu'est-ce donc qu'il en reste dans un musée? Que signifient ces idoles dépaysées, ces vases sacrés où l'on voit la place des doigts des prêtres et qu'aucun prêtre ne soulève plus? C'est du plain-chant dans un casino. Lorsqu'on regarde, dans le hall du Musée Cernuschi, au parc Monceau, le Bouddha qui y est captif, on se rappelle, sans rire, la douleur des Japonais qui le vénéraient comme une beauté tutélaire, dans les jardins de Megouro. Un jour ces pauvres jardiniers vinrent à Tokio demander qu'on leur rendît leur statue enlevée furtivement, par morceaux. Ce jour-là, ces paysans firent plus qu'un acte de piété: ils firent une manifestation esthétique. Inconsciemment, ils défendirent l'idée juste de «l'art en place et à sa place». Ce bronze est bien aménagé dans le Musée Cernuschi, mais rien peut-il valoir, pour les yeux, le grand décor changeant de la nature, pour le cœur, le regard suppliant de quelque dévot passant devant son Dieu? Et si les choses d'art avaient l'obscur sentiment de ce que gagne ou perd leur beauté, selon les milieux qu'elles traversent, nul doute que le Bouddha ne regrettât, dans sa somptueuse demeure parisienne, les voix qui chantaient, les parfums qui passaient, et le soleil qui l'éclairait librement, aux temps de son abandon dans les pauvres jardins de Megouro.... Les œuvres d'art, surtout les œuvres d'art religieux, sont des fleurs délicates, dont il faut respirer le parfum sur plante. Coupez-les; vous avez encore la forme, vous n'avez plus le parfum.

CHAPITRE III
Ce que la nature fait pour l'œuvre d'art

Mais les ruines? dira-t-on, ne convient-il pas de les mettre à l'abri?

Bien plus encore que les monuments intacts, les ruines doivent être laissées *in situ*. C'est surtout à ces œuvres en partie détruites, incomplètes, qu'il faut un milieu qui les explique, qui les supplée ou qui les justifie. Car un monument complet s'explique de lui-même. Un temple, par exemple, est un organisme où tout s'enchaîne, se commande et se soutient. Tant qu'il est intact, tant qu'il remplit son but, tant que les colonnes font leur office, qui est de supporter les architraves, et les antéfixes, le leur, qui est de boucher le creux des tuiles, on peut le mettre où l'on voudra. A lui seul, il exprimera son rythme et son idée.

Mais, s'il est ruiné, transporté par morceaux sous un hall, que nous dira-t-il? Qu'est-ce que des colonnes sans la frise qui unissait leur tête? Qu'est-ce que des acrotères sans le fronton dont elles relevaient les bouts? Qu'est-ce qu'un arc-boutant sans la voûte qu'il bute, ou un pinacle sans le pilier qu'il surmonte? Qu'est-ce qu'une cariatide sans son architrave, une canéphore sans sa corbeille, une Victoire sans ses ailes, une Espérance sans sa fleur? Mettre une colonne dans un musée! Autant mettre un tronc d'arbre dans un salon! Ce n'est plus qu'un organisme dissocié, brisé; ce n'est plus qu'un cadavre. Il faut donc le laisser en plein air, en plein ciel, dans la nature qui, de ses cadavres à elle, de ses rocs fendus par l'eau ou de ses arbres foudroyés par le feu, fait des autels, des vasques, des corbeilles ou des nids.

La statue une fois mise dehors, tout change. Les gestes grandissent et soutiennent le ciel. La mousse emplit les mains auparavant oisives. Le lichen met sur les blessures du marbre son baume doré. Les graines des fleurs, qui vont par l'air cherchant un gîte, s'arrêtent aux creux des urnes penchées par la main des *Fleuves* ou des cornes d'abondance soutenues par le bras des *Pomones*, et, parfois, une eau de pluie vient étaler sous les pieds des *Narcisses* son humide et fugitif miroir.

Je sais, sur les terrasses de la villa Pamphili, une statue de femme qui lève le bras. Sa main étant cassée, elle ne dresse qu'un moignon qui serait horrible à voir. Mais un arbre est auprès. Il abaisse sur le marbre mutilé ses branches. Il noie le poignet sous les petites vagues vertes de ses feuilles, et la statue, dès lors expliquée, semble cueillir, d'une main qu'elle n'a plus, des fruits à l'arbre qui n'en a jamais.

Ce sont ces fortuites rencontres qui donnent leur prix aux ruines vues par Hubert Robert: le marbre, auguste et éternel, prête son appui aux contadines éphémères qui y suspendent leurs hardes éclatantes. Dans l'entre-colonnement décrépit, mais hautain encore,

Bien que les Salvucci ni les Ardinghelli
N'abritent plus que l'humble échoppe et l'établi

Sous leurs arcades colossales,

le lazzarone grignote sa polenta, l'enfant égrène son raisin et le moine son chapelet, tandis que sur leurs têtes, une plante sauvage jette l'ombre de ses feuilles, le galbe de ses branches, l'aumône de ses fleurs....

Ainsi, presque toujours, la nature et le temps savent restituer à la pierre l'âme qui l'avait quittée quand elle s'était brisée. Sans doute, ils ne peuvent refaire entièrement ce que l'homme a détruit, ni combler tout à fait le vide que l'accident a creusé. Ils ne rendent pas aux formes mutilées leur beauté *plastique*. Seulement ils leur confèrent une nouvelle beauté *pittoresque*. Ils les font entrer dans la grande communion du paysage. Un jour même arrive où la ruine fait partie si intégrante de son milieu qu'on n'imagine pas avec plaisir le monument intact. Quel artiste préférerait la correcte spirale d'un escalier en colimaçon à cette description de Tennyson dans *Enide*: «Bien haut, au-dessus, un morceau de l'escalier d'une tourelle, usée par des pieds qui, maintenant, étaient silencieux, tournait, nu, au soleil, et de monstrueuses touffes de lierre serraient le mur gris de leurs bras fibreux; elles suçaient les jointures des pierres et semblaient, en bas, un nœud de serpents, en haut, un bosquet....» Cet escalier qui ne conduit à rien et qui est dépouillé de son alvéole devient ici le centre d'un thème décoratif qui n'est plus architectural, mais qui est encore pittoresque, thème voulu par la Nature et réalisé au gré des semences, des vents et des années.

Mais pour que ces choses s'accomplissent, il faut confier à la nature même les débris que nous voulons ennoblir, et ne point troubler, par d'inutiles soins, l'œuvre mystérieuse de cette prétendue «marâtre». Le mot «laissez faire, laissez passer» de l'économiste doit être notre mot d'ordre vis-à-vis d'elle. Laissez le lichen faire des taches à la robe de la déesse; laissez le lierre passer aux joints du piédestal. Ne soyez pas le Pharisien

Qui croit son mur gâté lorsqu'une fleur y pousse.

Si la plante a jailli, c'est que la terre était bonne et, si le lichen a poussé, c'est que l'air était pur!

Il y a un musée où on l'a compris, et ce musée nous donne un admirable exemple. Rien n'est plus frappant que de l'évoquer à côté du British Museum. Il est situé à l'autre bout de l'Europe, à Rome. Sa porte monumentale s'ouvre dans une grande stratification curviligne de monuments millénaires et de pauvres bâtisses: pêle-mêle de souvenirs, d'idées et de masures disparates, où furent les Thermes de Dioclétien, où fut une chartreuse, où est encore un asile

CINQUIÈME PARTIE

d'infirmes errants et tremblants. C'est de tous les musées de Rome le moins connu, comme le British Museum est du monde entier le plus célèbre. Son budget est un des plus faibles, comme celui du British Museum est un des plus puissants. Il ne contient que ce que la jeune Italie a trouvé sur son sol depuis le Risorgimento. Et, en face de noms comme Phidias, ce musée ne peut citer aucun nom.... Il ne fut même pas construit pour y mettre des œuvres d'art. Un cloître, une cour carrée au milieu, entourée d'arcades, une rangée de petites cellules, de *romitorii* s'ouvrant sur des jardins de poupées avec autant de *loggie*, quelques salles au premier étage tapissées de nattes sèches où joue le soleil, c'est tout.

Mais le créateur de ce musée n'est pas seulement un archéologue, c'est un artiste. Il ne conserve pas seulement les œuvres d'art: il les regarde. Il ne songe pas seulement à les déterrer au bord du Tibre, ou à Subiaco, mais aussi à les replanter et à leur redonner des racines. A chaque œuvre, il cherche longuement l'orientation qui lui convient pour remplacer, le plus qu'il se peut, l'ancienne demeure ignorée ou l'ancien milieu perdu. Il l'isole, et, en l'isolant, la grandit. Il l'éclaire, et, l'éclairant, la ranime. Et, quand ce ne sont que de simples débris, auxquels nul artifice ne pourrait rendre la vie, il ne craint pas de les exposer en plein air. Le long du cloître ouvert et dans le jardin que bordent les arcades de travertin, sous le ciel, sous la pluie, il a jeté tout ce qui, débris de statues, sarcophages, colonnes, masques de pierre, peut être sans trop de péril exposé aux injures du temps, et il a laissé faire la nature....

Ce qu'elle a fait, une simple promenade suffit pour en juger. Un des plus beaux matins de la vie est celui qu'on passe, au mois d'avril ou de mai, dans la cour de ce cloître reconquis par le Paganisme. Ce n'est plus le lourd silence de la prison. Ce sont les voix tranquilles du jardin. Ce n'est plus ce carré de lueur blafarde qui tombe de la fenêtre d'un musée et que les prisonniers appellent «ciel»: c'est la splendeur du soleil qui, tournant autour des marbres, leur prête la vie lente des ombres et des clartés. Au milieu du carré, sur un bassin qui murmure, un jet d'eau monte comme une tige de lis et retombe comme une poignée de perles. On dirait une chère illusion qui s'est brisée en s'élevant trop haut, mais dont les débris sont encore de petites choses précieuses. Autour d'un vieux cyprès foudroyé, écume la mousse des rosiers banks. Quatre têtes d'animaux de pierre, comme de gigantesques rhytons, sortent des godrons verts de quatre touffes de lierre. Aux coins extrêmes du quadrilatère, le printemps allume des flammes roses sur les branches des amandiers, et le vent agite ces lueurs sans les éteindre. En l'air, à l'extrémité de deux hautes colonnes, grimacent deux masques de pierre où la bouche et les yeux sont figurés par des trous. Dans un musée, on verrait de l'ombre par ces trous. Ici, on voit de la lumière.

Pour le moindre de ces débris, la nature a des attentions infinies. Sur les touffes sucrées nées dans les fentes du marbre, plane la couronne de ces insectes pesants et sonores qui ne savent ni s'élever ni se taire. Dans un coin, est une statue de femme dont la tête fut brisée. Un églantier a posé des branches sur ses épaules; il a masqué la coupure du col, et, à la place des seins absents, fleurissent des roses. Les sarcophages, qui se boursouflent extérieurement de figures d'Amours grimpant aux échelles pour vendanger les treilles, sont pleins, intérieurement, non d'ossements, mais de ronces et de fleurs, comme celui qu'on voit dans *l'Amour sacré et l'Amour profane*. Dans un angle, un délicat pied blanc, sur une dalle rouge, semble une apparition qui commence, et paraît alors moins un débris qu'une promesse....

Sans bras pour nous les donner, sans yeux pour nous voir, sans pieds pour nous fuir, une Fortune tient ses fruits. La pluie et le soleil ont noirci par endroits les robes des déesses, et, quand vient l'automne, leurs draperies de marbre s'obstruant de feuilles et de fleurs mortes, elles paraissent d'inconscientes Ophélies. Sur les savantes inscriptions latines se penchent les ignorantes herbes: les mystérieuses euphorbes, et les pelotes d'aiguilles vertes des pins, et les bras poilus des lierres, et les redondantes aristoloches, et les fins myrtes. Aux bouches demi-ouvertes des bustes, les insectes, rôdant, prêtent leur long murmure. De la *Victoire* brisée, l'oiseau, en s'envolant, achève le coup d'aile. Et le grand rosier, qui étincelle sur le sarcophage ouvert, vient ajouter encore d'impondérables pétales aux lourdes guirlandes de pierre, que, de leurs épaules haussées, soulèvent péniblement les petits Amours....

Ainsi, à l'heure de notre course, où toutes les figures que nous nous étions faites du Bonheur nous paraissent joncher le sol comme des statues brisées, il n'est pas bon de les renfermer avec nous dans le musée de nos souvenirs, ni de méditer seuls devant leurs ruines. Il faut, au contraire, les porter en pleine nature, les jeter en pleine humanité et appeler à notre secours, pour les embellir, toutes les influences secrètes et médiatrices de la terre et du ciel. Alors la blessure s'adoucit, s'agrandit, s'épure. Nous sentons l'envahissement des choses. Bientôt, dans le murmure des vies végétales et profondes s'assourdit le murmure de notre vie à nous. L'ombre tombe sur nos souvenirs. La lumière éveille nos pensées. La nature dont on dit tant de mal nous offre cependant l'oubli dont elle est pleine. Et peu à peu pénètre en nous, par la plaie entr'ouverte, quelque chose de sa douceur, de son sourire, et de son insensibilité....

CHAPITRE IV
Le paradoxe de la «conservation» des œuvres d'art.

«Je ne suis tranquille que quand je sais mes fils en prison», disait la mère des deux Reybaud, fameux l'un et l'autre, au milieu du siècle, par leurs polémiques et leurs démêlés avec tout le monde. Quand on observe quel sentiment pousse nos amateurs à enfermer dans les musées les œuvres qu'il faudrait voir ailleurs, on trouve que c'est une préoccupation semblable qui les domine et que le mot de Mme Reybaud pourrait être leur mot d'ordre. Car dès qu'on mêle à la vie quelques belles choses, dès qu'on les tire des nécropoles où elles gisaient, aussitôt la presse retentit de leurs cris.

Ceux-ci se lamentent, si deux groupes en marbre, d'un marbre friable et déjà usé, dus à Tassaert ou à Guyard, et attribués à Beaujon, demeurent devant le perron de l'Élysée: ils réclament qu'on les enlève du jardin, et qu'on les mette—où cela?—naturellement dans un musée.... Ceux-là s'avisent que des tapisseries du garde-meuble, dessinées par Audran et tissées d'or, sont converties en portières, et se doublent, se cassent et exigent, par suite de leur poids, un effort pour les soulever qui, à la longue, les détruira. Où faut-il les mettre? Naturellement aux Gobelins, où Bædeker vous dit que vous pourrez les voir «les mercredis et samedis, de une heure à trois heures». D'autres, ayant découvert qu'un beau *Christ en Croix* de Jordaens se trouve encore dans la cathédrale de Bordeaux, n'ont pu supporter plus longtemps de voir un Christ dans une église. Ils le veulent mettre à sa place,—qui est le musée. Que fait ce menhir au milieu de sa lande bretonne? se sont demandé les pourvoyeurs d'exposition, et ils ont proposé d'apporter et de renfermer dans le Champ de Mars, en 1900, la pierre fameuse de Locmariaker. Ailleurs, enfin, on se plaint que quelques-unes des merveilles de la *Suite des châteaux* soient envoyées, çà et là, en Europe, pour garnir nos palais d'ambassade. On demande où elles pourraient être mieux, et l'on répond: «aux Gobelins ou au Louvre».

Ce sont là les signes de la plus grande erreur esthétique qui fut jamais. Car, précisément, de les envoyer garnir nos palais d'ambassade, c'est la seule manière que nous ayons d'en jouir. Quelques-uns d'entre nous, seulement, dira-t-on.... Oui, quelques-uns. Mais, dans un musée, qui peut jouir d'une tapisserie? Personne! Car l'esthétique d'un ameublement ne s'insinue pas aussi vite dans l'esprit que celle d'un tableau ou d'une statue. De même qu'un paysage frappe moins vite qu'une scène de genre, de même les couleurs peu bruyantes et les lignes peu écrites de la décoration veulent des heures pour être goûtées. Il faut demeurer longtemps devant une aiguière ou une crédence pour que leur rythme s'associe à nos pensées. Il faut vivre au milieu des objets de bon style pour qu'ils vivent en nous. C'est même là précisément ce qui donne à l'art décoratif une physionomie bien différente de l'art imitatif. Il ne faut pas qu'il frappe, il faut qu'il s'insinue. Et, pour qu'il s'insinue, il faut qu'on vive avec lui familièrement, comme on vit avec la tapisserie de sa chambre, non pas le mettre dans un musée où l'on va lui rendre une visite rare, solennelle et pressée.

Mais c'est le seul moyen de faire durer les œuvres, dira-t-on.—De les faire durer, oui, mais comment? Mortes ou en vie? Agissantes ou neutres? Tout est là. La momie dure plus que l'homme. La pièce d'or, renfermée dans un coffre ou dans une tombe, dure plus que la monnaie qui roule de main en main, usant son cordon et ses empreintes, mais activant les échanges, soulageant les misères. Il est de toute évidence que, moins une œuvre d'art sera exposée au soleil, à la poussière, au vent, et à la vue, plus elle durera. Mais elle durera sans remplir son but. Son but, c'est de vivre de notre vie et de périr, s'il le faut, de notre mort. A ce prix, elle enseigne, elle charme, elle console. Autrement, elle ne fait que durer. Quand j'entends les cris des pourvoyeurs de musées, il me semble entendre des gens qui chercheraient les grains de blé que le semeur a mis dans les champs et qui les rentreraient au plus tôt dans le grenier de peur qu'ils ne pourrissent. Et, en effet, ils ont empêché la pourriture, mais ils ont empêché la germination. Ils ont empêché la mort, mais ils ont empêché la vie!

Les projets éclos de toutes parts empêcheront la vie. Si jamais Avignon trouve les millions nécessaires pour expulser les soldats qui sont dans son château fort et y introduire les scribes, custodes et porte-clefs qu'on rêve d'y voir, tout le Palais des Papes deviendra muet et morne. Les milliers d'objets rassemblés ne parleront plus aux yeux des populations lointaines d'où ils auront été tirés. La visite de ce Musée de la chrétienté ne sera que la visite d'un «trésor». Car les arts du culte ne forment point par eux-mêmes un ensemble qui se suffise. Ils ne sont que pour que d'autres choses soient. Ces objets n'existent que pour servir à d'autres desseins: pour être portés, agités, pour resplendir parmi des foules, pour vêtir, pour renfermer, pour apparaître sous le pinceau des soleils sincères ou des vitraux mensongers ou bien dans la voie lactée des cierges et parmi les torsades de l'encens bleu. Là, au contraire, que verra-t-on?—Des chaires vides, des retables sans autels, des lampes sans flammes, des clochettes sans voix, des chapes sans vivants, des reliquaires sans morts: offrandes sans doute trop belles pour le Dieu qui les reçut et mieux appropriées à ce culte nouveau d'un «esthétisme» municipal, dont les gardiens à tricornes seront les prêtres ennuyés! A cette transformation qu'aura gagné le Palais des Papes? C'était une caserne: ce sera une prison.

Ce sera quelque chose encore de pire. Ce sera le palliatif ou l'apologie des destructions et des «embellissements» de nos villes modernes. Ce sera l'excuse invoquée par les démolisseurs à chacun de leurs attentats. Ce l'est déjà, et il suffit d'écouter les voix qui s'élèvent dans les régions officielles pour ne plus douter que l'Art sert aujourd'hui de prétexte contre l'Art et que les créations les plus factices sont triomphalement opposées aux beautés spontanées de nos vieilles cités. «Vous paraissez émus de certaines transformations qui risquent de modifier l'aspect de Paris», disait, en 1897, le ministre des Beaux-Arts, à la réunion solennelle des *Artistes français*. «Vous voyez dans le progrès industriel l'éternel rival de l'Art; pourquoi refuser de reconnaître en lui, ce qui est tout aussi vrai, son éternel allié? Les gares de chemin de fer au cœur de notre capitale vous apparaissent comme la plus fâcheuse de ces transformations. Mais pensez-vous que celles qui s'accomplirent dans l'aspect de Paris à travers les âges n'ont pas soulevé chez nos pères les mêmes inquiétudes et peut-être les mêmes protestations?... Nous avons encore dans l'oreille les récriminations qui s'élevèrent contre certain baron, dont le nom est inséparable de la révolution topographique de Paris et qui, à travers les dédales des ruelles et des anciennes cours des miracles, lançait ces grandes voies rectilignes, comme les sillons de quelque colossal projectile.... L'art a-t-il tant souffert de ces bouleversements? N'a-t-il pas, dans chacun des quartiers nouveaux, planté son drapeau, *installé ses musées, depuis le Carnavalet jusqu'au Galliera*, dressé un peuple de statues sur les places et les boulevards spacieux qu'a laissés derrière lui le cataclysme haussmannien?...»

Ainsi, selon cette thèse, la plus extraordinaire qu'on ait tenté de soutenir sur l'esthétique des villes, ce n'est point l'hygiène, ou le confort, ou l'activité de Paris qui sont invoqués contre son pittoresque, c'est son pittoresque même.... Ce n'est pas au nom de l'Utile qu'on approuve sa transformation, c'est au nom du Beau.... Ce n'est pas des nécessités et des économies de la vie moderne qu'on se prévaut, mais des monuments qui lui coûtent le plus cher et qui lui sont le plus superflu, lors même que ces monuments, dressés à profusion dans nos rues, en sont non pas seulement le plus inutile spectacle, mais encore et de beaucoup le plus déplaisant! Et ainsi, par une pétition de principes, la plus audacieuse dont on se soit jamais avisé, les statues de Shakspeare, de Chappe ou de Dolet, que réprouve le goût universel, et que rien en soi ne pourrait excuser, se trouvent, tout d'un coup, servir elles-mêmes d'excuses aux perspectives monotones du quartier Haussmann et du boulevard Saint-Germain!...

Or, la vie moderne n'a pas besoin d'excuse, mais le mauvais art moderne, lui, ne peut être excusé. On ne saurait sacrifier le progrès à l'art, mais on doit se faire une idée plus juste de l'art, et ne pas ajouter aux ruines subies des erreurs voulues. On ne peut pas toujours conserver, dans sa fantaisie ornementale, le vieux décor de la vie, mais on peut ne pas en dépouiller soi-même la scène du monde pour le mettre dans ces froids magasins d'accessoires où il ne remplit plus sa mission.

Il ne s'agit nullement, ici, d'opposer au mouvement naturel du progrès des récriminations qui seraient vaines, ni à ses bienfaits des dédains qui seraient injustes. La vie moderne a ses harmonies que nous ne méconnaissons pas. Les cités de fer et de fumée ont leur éloquence barbare. Elles disent par toutes les voix de leurs roues et de leurs bielles: «Nous sommes les grandes pourvoyeuses des foules et les grandes niveleuses des conditions. Si nos fenêtres, rouges et blanches dans la nuit, attirent comme des papillons les *pagani* répandus dans les campagnes, c'est que nous sommes pour eux le symbole et l'instrument d'un meilleur devenir. Chaque tour de chacune de nos roues éloigne l'homme de l'esclavage antique. Chaque machine relève d'un degré sa taille autrefois pliée sur le sillon. Chaque perfectionnement ôte quelques minutes au travail mécanique et ajoute un instant aux heures ennoblies par la pensée. Si aujourd'hui sa pensée s'épure, se libère des soucis matériels, se tourne vers les beautés perdues des cités d'autrefois, si elle les goûte et les regrette, c'est que nous lui en avons donné le loisir. Et si vous avez le temps aujourd'hui de nous maudire, c'est que nous avons travaillé pour vous!»

Écoutons ces voix et aussi le cri de Walt Whitman: «La plus grande cité n'est pas l'endroit des plus hauts et des plus précieux édifices». Marchons avec les multitudes dans les percées largement ouvertes de nos villes renouvelées, et détruisons, s'il le faut, pour la marche de ce peuple, les choses pittoresques et surannées qui donnaient sa figure à la cité. Soit. Dans la barbarie avouée, il y a de la grandeur. Mais n'invoquons pas, pour le faire, l'intérêt sacré de l'art. Avouons hardiment que c'est la richesse d'une ville qui nous tente, non sa beauté. En frappant ainsi l'art dans ce qu'il a de plus vital et de plus consolateur, ne prétendons point que nous le sauvons. Ne demandons pas à la nation, en son nom, des subsides qui ne servent qu'à rendre sa déchéance plus visible. N'ajoutons pas à des actes de Barbares des raisonnements de Byzantins.

Et s'il se trouve, çà et là, par le monde, une ville qui n'ait pas mis tout son art en prison et qui en ait, dans ses rues, gardé quelques libres vestiges, puissent les hommes debout sur les seuils de ses maisons ou assis dans ses assemblées réfléchir longuement avant de prononcer l'irrémédiable arrêt! Qu'ils pensent non pas seulement à ceux qui habitent cette ville aujourd'hui, mais aussi à ceux qui l'habitèrent et dont elle est bien un peu la continuation, et à ceux qui l'habiteront et dont elle est bien un peu l'héritage!—«La cathédrale d'Avranches appartenait-elle à ceux qui la détruisirent plus qu'elle ne nous appartenait à nous qui nous promenons maintenant tristement sur ses fondations?»—Avant de détruire, pensons à ceux qui ont bâti. Avant d'anéantir, pensons à ceux qui sont morts. Mais surtout, avant de construire, pensons à ceux qui vont naître et ne nous hâtons pas de modeler le corps de ces villes durables selon la forme de nos âmes éphémères. Que savons-nous des âmes de nos successeurs, de leurs goûts, de leurs affinités, de leurs désirs? Nous voulons activer la circulation humaine au cœur de nos villes.... Qui peut dire qu'ils n'abandonneront pas le cœur de nos villes, comme nous abandonnons aujourd'hui le fond de nos campagnes? Qui peut même affirmer qu'à Florence, comme à Paris, le reflux vers la banlieue n'ait pas déjà commencé et qu'un jour, les centres de nos cités à demi dépeuplées ne puissent redevenir, si nous sauvons leurs vieilles architectures, les asiles de l'esthétique, les oasis de l'idéal et de la paix? Ne croyons pas que le type unique et nécessaire de la cité moderne soit l'échiquier ou la roue de carrosse! S'il y a «plusieurs demeures diverses dans le palais du Père», il y a peut-être bien des types possibles de grandes cités dans ce monde. Ne croyons pas une ville déshonorée parce que la marche y est lente. Il restera toujours assez de villes où la marche sera rapide. Il est bon d'ailleurs quelquefois de ralentir le pas dans la vie. Et le fameux mot: «Je prendrai par le plus long...» du Fabuliste, voulait dire sans doute: «Je prendrai par le plus beau...».

Jamais nous n'eûmes plus besoin de ces asiles. «Aujourd'hui, toute la vitalité est concentrée dans les palpitantes artères des villes; la campagne est traversée comme une mer verte par des ponts étroits et nous sommes jetés en foule toujours plus épaisse contre les portes de la ville. La seule influence qui puisse sagement prendre la place des bois et des champs est le pouvoir de l'ancienne architecture. Ne vous en dessaisissez pas pour l'amour du square régulier, de la promenade garnie de haies et d'arbres, ni pour la rue correcte ou le quai ouvert. La gloire d'une cité n'est pas en ces choses! Laissez-les à la foule, mais souvenez-vous qu'il y aura sûrement quelqu'un dans le circuit des murailles troublées, quelqu'un qui aspire à conduire ses pas dans d'autres endroits que ceux-ci, à rencontrer d'autres formes en leur aspect familier,—comme celui qui s'assit si souvent à cette place que frappait le soleil couchant pour contempler les lignes du dôme de Florence, ou comme ceux de ses hôtes qui pouvaient soutenir des chambres de leur palais la contemplation journalière de cette place où leurs pères étaient couchés dans la mort, au carrefour des rues sombres de Vérone...».

Ainsi parlait Ruskin, il y a cinquante ans. Le péril alors dénoncé est plus grand qu'alors, parce qu'il se cache sous le sophisme de la conservation de l'art dans les musées. Ne laissons pas ce sophisme davantage se répandre. Quand on aime l'art, ce qu'il faut, ce n'est pas le recueillir dans les musées: c'est ne pas le chasser de la vie.

ISBN : 978-1987793963

www.ingramcontent.com/pod-product-compliance
Lightning Source LLC
Chambersburg PA
CBHW052205220526
45471CB00004B/1818